感情と表象の生まれるところ

栗原 隆 編
KURIHARA Takashi

ナカニシヤ出版

まえがき

まずもって本書の表紙のカヴァーをご覧いただきたい。そこに本書が成り立つところの問題意識が集約されている。あしらわれているのは、ベルニーニ（Gian Lorenzo Bernini, 1598–1680）の『アポロンとダフネ』（一六二五年、ボルゲーゼ美術館）である。ギリシア神話を題材に制作された彫刻であって、恋情に駆られたアポロンに追われて逃げるダフネが、追いつめられて身体に触れられたその時に、月桂樹に変身する瞬間を捉えた作品である。

なぜ、アポロンが恋に焦がれたかというと、キューピッドから、恋をする金の矢を射られたからであり、逆にダフネがなぜそこまでしてアポロンから逃れようとしたかというと、やはりキューピッドから、相手を疎んじる鉛の矢を射られたからなのであった。ということは、恋情も、嫌悪感も、キューピッドの放った矢という、はっきりした明確な要因によって引き起こされた、ということになる。

たしかに、好悪の感情は、相手の印象という、外から放たれた要因に拠るところが大きいかもしれない。加えて私たちは、相手の内面を知るすべをもたない以上、いや、「内面」などどこにもないのであるからして、「容姿」や「言動」という外見を基に感情を抱くのが常であるかもしれない。しかし、そのどこが発端となって、そうした感情を抱くようになったのか、分析することは難しい。その外的な対象を映し出すのが「表象」である。「表象」は私たちに印象や感情を植え付けるとともに、認識の基礎となる。

ところが、感情も、外的な印象によって引き起こされるばかりとは限らないようである。私たちの気分次第で、外界の風景は意味合いを変えるし、ある日突然、自らの人生への思いを振り返った途端、好悪の情が逆転することさえ稀ではないからである。私たちの「感情」と「表象」は、どのような仕組みで生まれて、日常の生活にあってどのような役割を果たして、私たちの人生にどのような彩りを与えるのか、それを解明するには、心理学や人間学からのアプローチだけでは済まないという認識から、本書に集約された研究は出発した。本書は、心理学や人間学はもとより、哲学、社会学、美学、美術史、表象文化論などの専門分野から、感情や表象が成立する現場に迫ろうとする試みである。

　学問の世界だけでなく、日常の生活の場にあっても、外界の認識が成立する際には「客観的」でなければならないのはもちろんである。ところが同じ認識であっても、哲学者のカントは、ものごとを美しいと判定する趣味判断は、「主観的」で構わないとみた。もちろん、趣味判断に際しても、対象が認識されていなければならないのは同様であるが、ものごとを美しいと判定する美感的（ästhetisch）判断が主観的だということは、判断の根拠が主観的でしかないということが含意されている。すなわち、あるものが美しいと判断される場合、その〈美〉は、対象の側にあるのではなく、受け止める主観の側にあるという意味である。

　〈美しいもの〉を「美しい」と嘆称する場合、私たちは、当の〈美しいもの〉、すなわち彫刻なら〈大理石〉を、絵画なら〈キャンバス地〉を、舞踊なら〈踊り手の身体〉を、文学作品なら〈活字やその頁の紙〉を、「美しい」と言っているのではない。そうなるとやはり、美しいという判断は、感情に根差しているのかもしれない。

　ところが他方で、「美しい」という印象について、私たちは主観的であるにもかかわらず、周囲の共感を求めてしまう。こうした美感的判断の成り立ちは、カントにあって、「構想力と悟性とが相互に共鳴する（zusammenstimmen）」（KdU, 29）ことによって、「構想力と悟性との自由な遊び（das freie Spiel der Einbildungskraft und des Verstandes）」（KdU, 29）という心的状態が実現されるからこそ、〈美しい〉という思いを共有する道が開かれる、とされていた。

もとより構想力は、『純粋理性批判』において、感官が私たちに提示するさまざまな印象をまとめ上げて、「諸対象の像（Bild）」をもたらすものと捉えられていた。すなわち、バウムガルテンによって「下級認識能力」として類別されていた構想力が、カントによって高次の役割を与えられることになった。さまざまな現象のうつろいへの親近性や、それに発する連想も、構想力がなかったら、私たちに生じることはなかっただろうというのである。

バウムガルテンだけではない。啓蒙期に現われた「経験的心理学」に連なる多くの思想家たちは、「構想力」を論じはしたものの、これに、認識における積極的な役割を帰したわけではなかった。このあたりの事情もカントは語っている。「構想力が知覚そのものの必然的な構成要素であることについては、これまでいかなる心理学者も考え及ばなかったことであっただろう。どうしてそうだったかというと、一つには、この構想力という能力が再生産（Reproduktion）だけに制限されたからであり、いま一つには諸感官こそが私たちにさまざまな印象を提示するのみならずそれらの印象を合成（zusammensetzen）して、さまざまな像（Bild）を成就すると信じられたからであった。しかしながらそのためには、疑いもなく、さまざまな印象を受容すること以外に、何かそれ以上のもの、すなわち、それらの印象を総合する一つの機能が必要とされるのである」（Kdr V. A. 120 Anm.）。

坂部恵はその論考、「構想力の射程」で次のように述べていた。「カントは、ヴォルフ学派の啓蒙主義流の考えによって整理された従来の諸〈認識能力〉の体系のたんなる静的な序列を逆転せしめたというのではなく、むしろ、構想力による総合の名のもとに、いわば「諸対象の形象」そのものの原初的たちあらわれにかかわる、人間の認識におけるきわめて基本的かつダイナミックな一つのはたらきの次元にあえて探りを入れていた」（『坂部恵集1　生成するカント像』岩波書店、二〇〇六年、三六九頁）。つまりカントは、主観的な印象を合成する構想力によって像がもたらされる働きを、客観的な認識の基底に見て取っていた、というのである。〈美しい〉ものを見て、〈美しい〉という印象を抱く際には、構想力が〈美しい〉という感情をまとめあげていたということになる。

本書で展開されている研究は、それぞれの分野で、そうした「「諸対象の形象」そのものの原初的たちあらわれ」を明らかにすることが目指されている。第Ⅰ部「感情と心理」では、鈴木光太郎が、愛しいものを左側に抱く基底に、「感情の認知」があることを指摘している。福島治は魅力の源泉を、「報酬と子孫繁栄をもたらす」ところに見て取った。白井述は、乳児期にあって、感覚や知覚が発達するに伴って諸感覚間の「連合が促進されることを実証的に描き出している。井山弘幸は、感応よりも、計量合理性に基づく測定の方が科学的で確実だ、とも言いきれないことを指摘して示唆深い。

第Ⅱ部「感性と生のつながり」では、宮﨑裕助は、学問や認識の成り立つ基底に、「ミメーシスの快」が想定されることを剔抉している。城戸淳は、現象を、私たちの「感性的な経験から分離して孤立的に取り出すこと」などできないことを指摘するとともに、哲学の課題を、「このような経験を可能なかぎり分析することで、生を見通しの効くものにする」ところに捉えた。堀竜一は、遠藤周作の『死海のほとり』に、福音書と作品そのもの、巡礼と自己発見、イエスの風景と作者の風景などが循環構造のうちに捉えられているところに物語性を見て取った。杉原名穂子は、地域に生きる絆を結ぶには何よりも信頼が重要であることを実証的に明らかにしている。松井克浩は、縮小する日本社会にあって、つながりを保つ上で必要なのは、「場所の記憶」や「場所の力」であることを析出している。

第Ⅲ部「表象と生の広がり」では、細田あや子は、祈りの力を、「神や仏、超越者、絶対者への祈り、礼拝、儀礼を通して、それらの存在や力を体験する」ところに捉えた。番場俊は、「他者の苦しむ顔に対する情動は、われわれを結びつけもすれば、引き離しもする」という、「同情」の逆説性を描出している。石田美紀は、オートバイ映画を取り上げて、「オートバイのスピードと振動が乗り手にもたらすのは、内省の次元をはるかに超え出た肉感の陶酔である」ことを解き明かしている。そして編者による「瞬間と全体」は、造形芸術作品に表現されたその瞬間には、普遍的な理念とともに、生の全体が開示されることを論じることを通して、私たちの生は、一瞬間の連続なのではなく、常に全体の弛まぬ開示であることを伝えようとした。

もとより私たちが、なにかと矛盾していることは否めない。たとえば、雪景色は美しいものであるし、子どもたちとの雪遊びも楽しい。三〇–五〇センチほどの積雪を見ると、妙に気持ちが昂るのも事実である。その程度なら、除雪もまた楽しいのである。他方で、やはり大学へ通うのにも不便であるし、何よりも寒さには身体が縮まってしまう。しかしながら実際には、こうした矛盾する気持ちを包括しながら、私たちは理性的に、しなやかに振る舞っている。感情と表象の生まれるところを探ることによって、こうした「しなやかさ」を、本書を通していくらかでも明らかにすることができていることを願うものである。

二〇一三年二月十一日　寒波に蓋われた冬晴れの新潟で

栗原　隆

感情と表象の生まれるところ　＊　目次

II　感性と生のつながり

感情と表象の生まれるところ

I　感情と心理

第一章　愛しいものを左側に抱く理由

鈴木光太郎

母親は赤ちゃんを左側に抱くことが多い。父親もそうだ。実は、この傾向は赤ちゃんを抱くときだけにみられるわけではない。愛犬や愛猫を抱くときも、左側の傾向がみられる。この章では、この行動傾向がどのようにして発見されたか、最初にどのように説明されたか、その説明がなぜ誤りであるか、そして現時点でどのような説明が可能かを紹介する。

1　母親は赤ちゃんを左側に抱く

† ソークの発見

母親は赤ちゃんを左側に抱く傾向がある。意外なことに、この事実は古くから知られていたわけではない。赤ちゃんを抱くことは昔から誰もがし、誰もが目にしてきた行為であるのに、われわれがそれに気づくのはほんの半世紀前、一九五〇年代の終わり頃である。(1) これに最初に気づいたのは、アメリカのコーネル大学の心理学者、リー・ソークだった[2]。

発端は動物園での観察だった。ソークの目のまえには一組のサルの母子がいて、その母ザルは子ザルを左の胸に抱いていた[3]。そのとき彼にはひらめくものがあった。人間の母親もそうなのではないか。ソークは大学の付属病院にも勤めていたので、早速自分の病院で、子どもを産んだばかりの母親がどちらの胸に赤ちゃんを抱くかを観察してみた（母子が退院するまでの分娩後四日以内の母親を観察している）。その結果、右利きの母親の八三%が、左利きの母親の七八%が左側に抱いていた。つまり、利き手に関係なく、ほぼ八割の母親が左側に抱いていたのだ。

赤ちゃん以外のものを抱くときにも、そうなのだろうか。ソークは次に、スーパーの店先で買い物を入れた紙袋を抱えて出てくる女性を観察した。その結果、左側に抱えている人と右側に抱えている人の割合は半々で、左右の偏りはみられなかった。左側というのは、赤ちゃんを抱くときに特有のようだった。

図1　聖母マリアとその子イエス　『ケルズの書』（8世紀頃）より

西洋の絵画には、子を抱く母親という伝統的な宗教的モチーフがある。聖母マリア（マドンナ）とその子イエスである（図1）。ソークは、手近にあった西洋絵画の画集に収められていた作品について、左右どちらの側に抱いているのかを調べてみた。その結果、左側

図2　さまざまな聖母子の彫像（南・西フランス）

に子どもを抱いていた作品は、これも全体の八〇％を占めていた[4]。

もしあなたがヨーロッパに行く機会があったら、カトリックの教会をいくつか巡って、聖母子の彫像を見てみるとよい。さまざまな時代のさまざまなスタイルの彫像を目にするだろうが、おそらくあなたの出会う八割の聖母子像が、イエスを左側に抱いているはずである（図2）。

† 愛しいものは左側に

ソークの発見以降、南アメリカや東南アジアなどほかの地域（もちろん日本でも）の母親での観察研究も行なわれ、赤ちゃんを左側に抱くという傾向が、民族や文化を越えて普遍的にみられる行動傾向であることが明らかになった[5]。それだけではない。霊長類での観察研究から、この傾向がサルではみられないのに対し、類人猿（チンパンジーやゴリラ）の母親にはみられることも明らかになった[6]。したがって、太古の時代からすでに、ヒトの母親も赤ちゃんを左側に抱く傾向をも

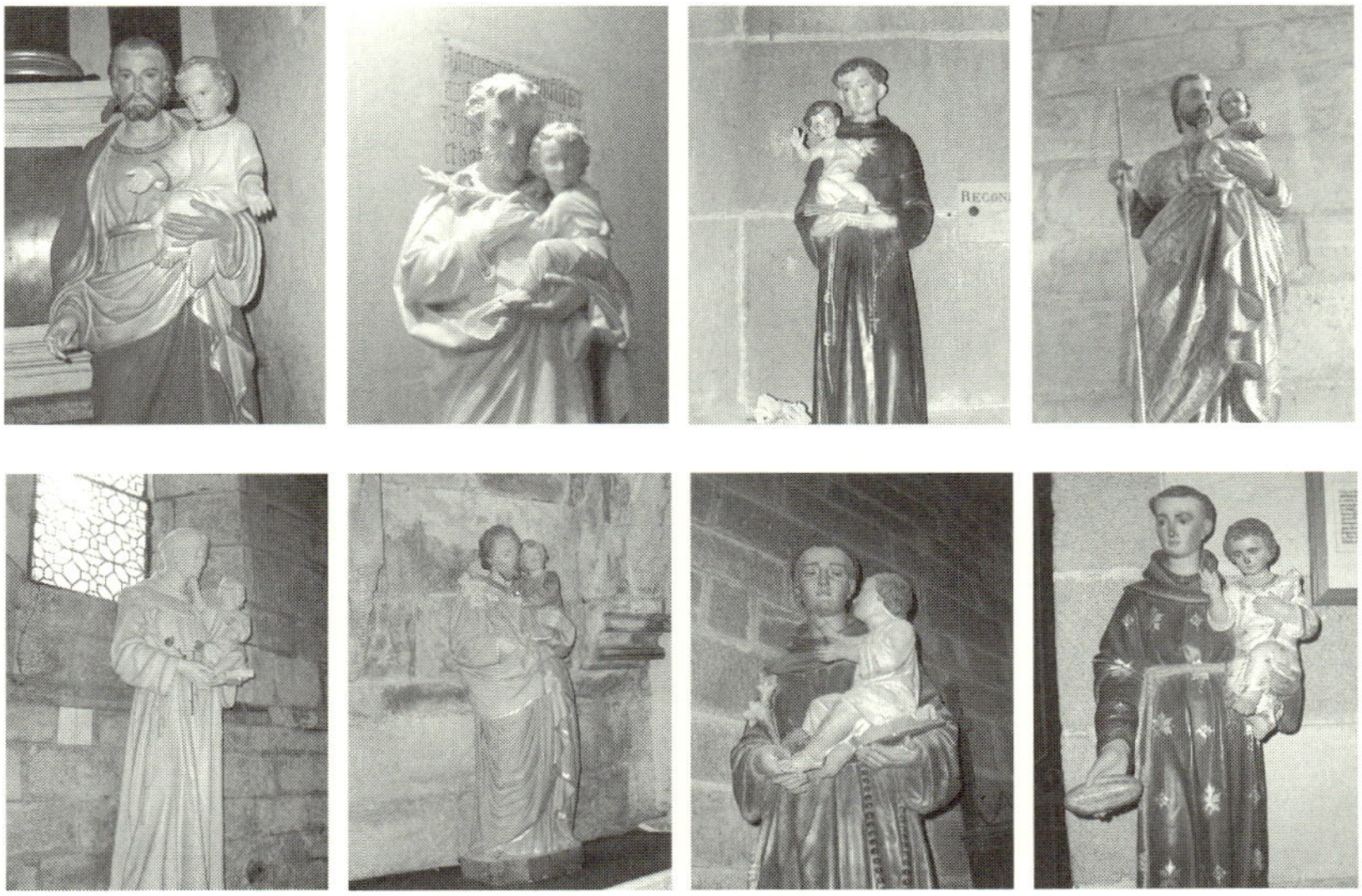

図３　イエスを抱く男性の聖人の彫像（南・西フランス）

っていたと考えられる。

しかし、この傾向は母親だけにみられるのではない。実は、父親も同じ傾向を示す(7)。その割合も、左側に抱くのが七五から八〇%と、母親に近い値になる。西洋の教会にある彫像では、聖母子と同様、イエスを抱く聖人（多くは男性だ）も一つの重要なモチーフだが、この場合も、イエスを左側に抱いている彫像が目立ち、やはり八割近くを占める（図３）(8)。

さらに言えば、左側に抱かれるのは赤ちゃんだけではない。最近分かってきているのは、ペットもそうだということである。われわれは、愛犬や愛猫を抱くときにも左側に抱くことが多い(9)。左側というのは、赤ちゃんだけでなく、愛《いと》しいもの、大切なものを抱く場合全般にみられる行動傾向だとも考えられる。図２の彫像の写真の一つがそうであるように、大切なものである十字架も、左胸で抱きしめている彫像が多くみられる。

2　心音説

† ソークの心音説

では、なぜ、母親は赤ちゃんを左側に抱くのだろうか。ソークは、母親がどちらの側に赤ちゃんを抱くかを観察した際に、母親にこの質問もしている。

返ってきた答えは、右利きと左利きの母親では異なっていた。右利きで左側に赤ちゃんを抱いている母親は、「右利きなので、左腕で抱いて、右手を使えるようにしている」と答えることが多かった。一方、左利きの母親の多くは、「利き手が左なので、しっかり抱えられるように左側で抱いている」と答えた。右利きの母親も左利きの母親も、どちらも左腕で抱くのに、それぞれが異なる理由によっているとは考えにくい。ソークは、本当の理由は、本人たちの気づかない別のところにあると考えた。

では、体の左側に特有なものはなんだろうか。考えられるのは心臓である。普通、心臓は左側にあり、心臓が右側にある人はきわめてまれである（一万人に一人といった調査結果が出ている）。そこで、ソークは次のように推論した。母親は、この心臓の近くに赤ちゃんを抱き、赤ちゃんのほうもそれを好み、そこには何らかの生物学的な理由があるのではないか。しかし、母親自身はそうしながら、それをほとんど自覚していないのではないか。

赤ちゃんは、母親の胎内にいるときからすでにさまざまな感覚が機能している。聴覚の場合、受胎後六か月頃から機能し始め、まわりの音が聞こえている。母親の心音も聞こえ（心臓の拍動が大動脈を通って羊水に伝わる）、胎児にとってはそれが一種の背景音になっている。だとすると、赤ちゃんは、安心感を得るために、聞き慣れた母親の心音が聞こえやすい場所に頭をもっていきたがるのではないか。ソークは、胎児が、胎内にいるときに母親の心音にいわば「刷り込まれ」ているので、生まれてくると、心音のするほうにおのずと頭をもってゆくと推測した。「刷り込み」は本来、一定の時期に特定の刺激によって一定の行動傾向が引き出され、それが以後も持続することを言うので、この場合に「刷り込み」という用語を使うのは、適切ではないようにも思えるが、ここではソークの言うままを紹介しておく。これが「心音説」である。

† ソークの実験

この仮説を検証するため、ソークは、病院の新生児室の赤ちゃんで実験を試みた。ある新生児の群には、大人の心音を録音したものを聞かせ（実験群）、もう一方の新生児の群には何も聞かせないようにし（対照群）、心音がどのような効果をもつかを両群間で比較してみたのだ。実験は、生後二日目から四日目にかけての三日間行なわれ、新生児室内の赤ちゃんの泣き声が録音された。部屋の出入りは、母親が四時間おきに（哺乳ビンで）授乳しに入室する以外は制限されていた。

その結果、飲んだミルクの量は二群間では差がなかったが、体重の増加量は、心音を聞かせた実験群のほうが多かった。録音の記録から、対照群の赤ちゃんに比べ、実験群の赤ちゃんは泣くことが少なく、泣いてもすぐ泣き止んだ。心音は明らかに効果があった。ソークは、心音が彼らをなだめ、安心させるようにはたらいたのだと、そして飲んだミルクの量が同じなのに心音を聞いたほうが体重の増加が多かったのは、あまり泣かずにいたためだ、と結論した。

この「心音説」は、一九六〇年代後半に出版されたモリスのベストセラー『裸のサル』を筆頭に、さまざまの雑誌や本やラジオ・テレビ番組で紹介され、広く知られるようになった[10]。もちろん、知られるようになったのは、第一には、この説が多くの人びとの直観に合い、なるほどと思わせるものだったからだろう。

日本でも、この話が高校の英語の教材で取り上げられたり、初産の妊婦のための講習会で左側に抱いたほうがよいと教えられることもあったりして（心音を聞かせるためだと説明しているかどうかは分からないが）、よく知られた事実になっている。私の授業に出ている学生に聞いてみたところ、三分の一ほどの学生はこの話をどこかで聞いたり、読んだりしていた。

† 心音は本当に効果があるか

ところが、である。ソークの研究以降、新生児で心音の効果を調べる実験がいくつか行なわれたが、飲んだミルクの量でも、体重の増加量でも、泣いていた時間や回数でも、心音の効果を見出せなかった(11)。ソークの結果は確認できなかったのだ。

では、なぜ、ソークはあのような結果を得たのだろうか。考えられるのは、以下のようなことだ。一つは、ソークが実験を行なった病院が飛行場の近くに位置していたことである。離着陸する飛行機の爆音がたえずしていたため、おそらく赤ちゃんは落ち着かない状態におかれていた。それゆえ、部屋で流れる心音は爆音にかぶさってそれを弱め、対照群の赤ちゃんに比べ、実験群の赤ちゃんには、爆音の影響があまりおよばなかったのかもしれない。

第二に、爆音や心音が大きかったために、実際には赤ちゃんの泣き声がしていたのに、聞きとれるほどには録音されていなかった可能性もある。第三に、それぞれの群の新生児の数を詳しくみてみると、心音を聞かされる実験群のほうが聞かされない対照群よりも少しだけ少なかったということがある。人数が多いと、一人が泣き出せば、ほかの赤ちゃんもつられて泣くということが起こるので、それが条件群間の結果の違いを生じさせたのかもしれない。おそらく、これらのことが重なって、あのような実験結果になったのだろう[12]。

前述のように心臓が右にある人はきわめてまれだが、イギリスの心理学者トッドとバターワースは、心臓が右にある女性（右利き）の観察結果を報告している[13]。この母親は赤ちゃん（初産だった）を左側に抱き、その抱き方は、心臓が左にあって左側に赤ちゃんを抱く母親の抱き方と何ら違わなかった。心臓が右にある母親を調べた事例はこの一例だけなので、決定的とは言えないにしても、左側に抱くことが心音とは無関係である可能性が示唆される。

3　左側に抱く傾向の出現

† 発達的研究と性差

では、赤ちゃんを左側に抱くという傾向はどのようにして生じるのだろうか。なぜ左側かという疑問に答えるまえに、この問題をみておくことにしよう。

この傾向について発達的な研究を行なっているのは、スウェーデンのドゥ・シャトーらである[14]。彼らは、二歳から十六歳までの男女の児童が人形をどう抱くかを観察した。その結果、女の子の場合には、六歳以前では、抱く側の左右の割合に違いはみられなかったが、六歳以降では、左側に抱く傾向（約七五％）がはっきり現われた。これに対して、男の子では、そうした傾向はみられなかった。

鈴木は、子どもをもつ大人ともたない大人で、赤ちゃんをどちらの側に抱くかを調べ、左側に抱く傾向についての知識をもっているかどうかも検討している。その結果、母親の場合も父親の場合も、知識があってもなくても、赤ちゃんを左側に抱く傾向がみられた（図4）[15]。子どもをもたない女性も、左側に抱くことが多く、知識があ

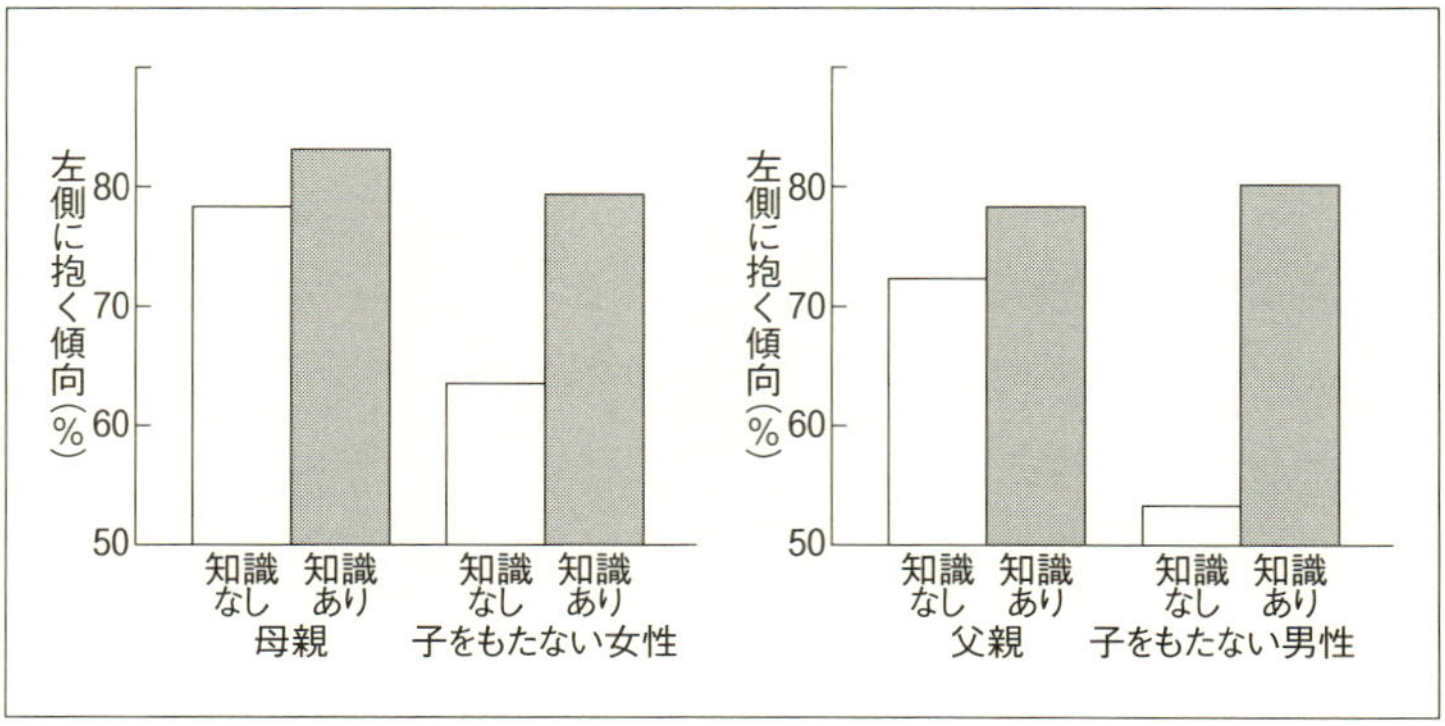

（出所） 鈴木（1995）より。

図 4 母親と父親，子どもをもたない大人での赤ちゃんを抱く側

れば、その傾向は強まった。一方、子どもをもたない男性の場合は、知識があれば、左側に抱くことが多いものの、知識がない場合は、左側に抱く人と右側に抱く人の割合は、ほぼ半々になった。

これら二つの研究から、何が言えるだろうか。一つは、左側に抱く傾向は、女性の多くが赤ちゃんを産むまえからすでにもっているものであって、母親になるとそれが強まるということである。もう一つは、男性では、知識がない場合には、赤ちゃんを抱くときに左右の好みはほとんどないが、父親になると、左側に抱く傾向がみられるようになるということである。

このように、左側に抱く傾向の出現には、男女で違いがある。では、この違いはどのように説明できるだろうか。考えられるのは、左側に抱く傾向が経験を通して出現するという可能性である。平均的には、女性は男性よりも、幼い時から赤ちゃんへの関心が強く、かつ赤ちゃんと接する機会も多く、人形を用いた遊びなども好む。そうした実際の行為や遊びを通して、左側に抱く傾向が自然に身についてゆくのかもしれない。これに対して、男の子ではそうした機会が少ないため、赤ちゃんを抱かせられた場合には、どちらかの側を好むという傾向がみられない。しかし、父親になって赤ちゃんを抱くようになると、何度か抱くうちに左側に抱く傾向を身につける

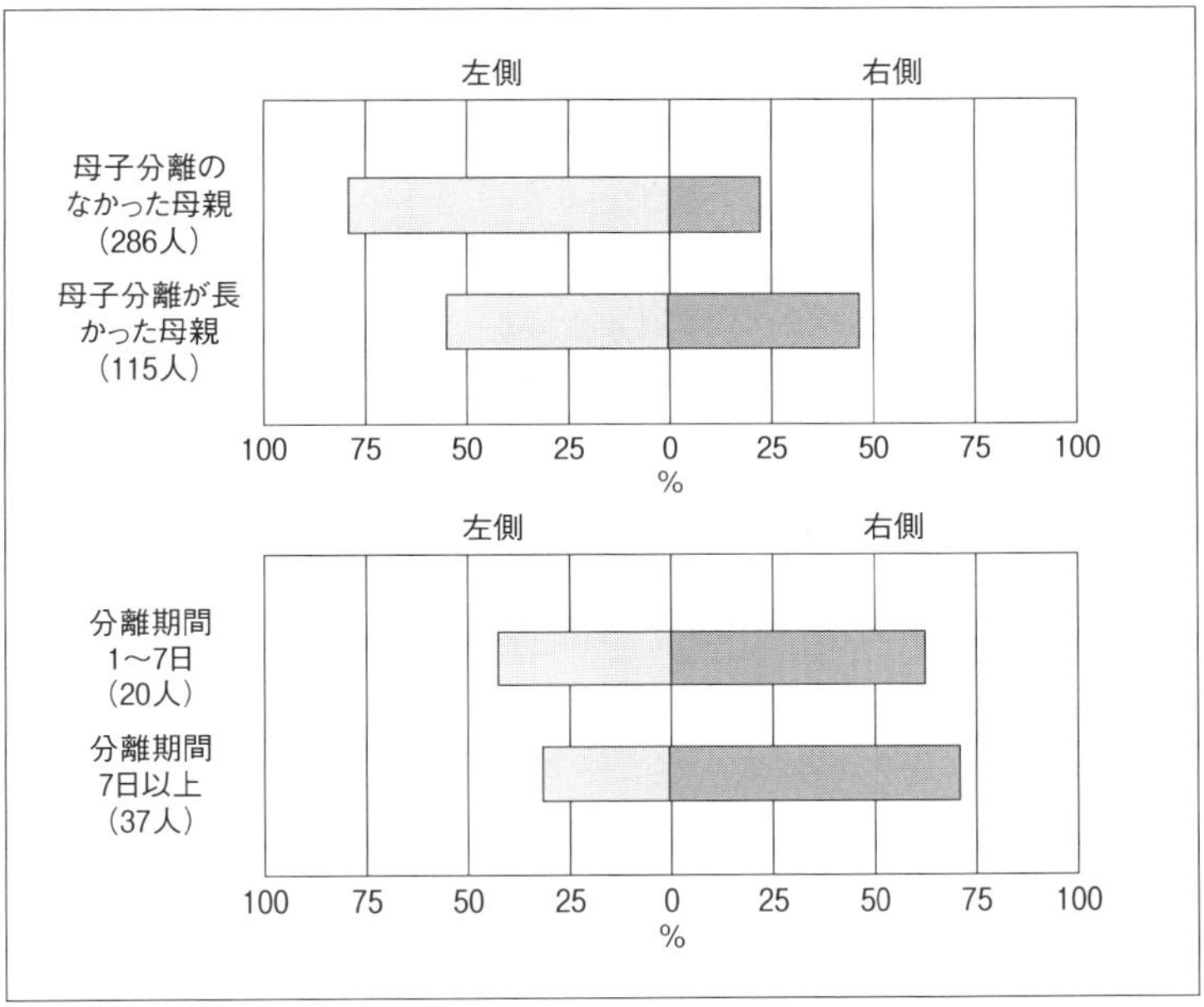

（出所） Salk（1973）より。

図５　出産後の母子分離の影響

のかもしれない。

† 出産後の母子の分離期間の影響

ソークが唱えたのは、実は、「心音説」だけではない。この説は、赤ちゃんは心臓のある左側を好むというのだから、赤ちゃんの側からの説明である。これに加え、ソークは、母親の側からの説明も行なった。つまり、左側に抱くことには、子の側と母親の側にそれぞれの要因があると考えたのである。

ソークは、退院後に未熟児外来に来院する母親を観察しているうちに、左側ではなく、右側に赤ちゃんを抱いている母親が多いことに気づいた（当時は、赤ちゃんが未熟児で生まれてきた場合には、赤ちゃんはすぐに別の部屋に移され、母親から隔離させられていた）。そこで、外来に来院した母親を観察して、分離期間の長さで分けてみることにした[16]。すると、明瞭な傾向がみえてきた。赤ちゃんとの最初の接触が出産後二十四時間以内であった場合には、左側に抱いたのは七六％だったが、一日－一週間の分離では四〇％、分離が一週間を越えていた場合には二八％まで下がった（図５）。つまり、分離が一日を越えると、左側に抱く傾向がみられなくなり、それが長引くと、逆に右側に抱く傾向がみられるようになったのだ。

この結果は、どう解釈すればよいだろうか。ソークは、これが「刷り込み」の現象に似ていると考えた。彼は、母親に、分娩後すぐに自分の子と接触することが、母親に左側に抱くという行動を生じさせ、その行動が固定されると考えた。そして、この「臨界期」がおよそ一日だと推測した。ここでは、この仮説を「母親側の刷り込み説」と呼んでおこう。母親と子の愛着関係――一種の「きずな」――は普通は時間をかけてできあがってゆくと考えられるが、ソークのこの仮説は、そうした愛着関係の一部が出産後すぐに形成される可能性を提示していた。

しかし、この仮説は、先ほど紹介したドゥ・シャトーらや鈴木の研究の結果から正しくないことが分かる。というのは、女性は、出産以前から赤ちゃんを左側に抱くという傾向をすでにもっていることが多いからである。ソークの得た結果は、むしろ、母子の分離期間が長引くと、左側に抱く傾向が失われてしまうと説明できる。

4　なぜ左側に抱くのか

† 赤ちゃん側の要因と抱く側の要因

ソークの「心音説」も「母親側の刷り込み説」も誤りだとすると、左側に抱く傾向をどう説明すればよいのだろうか。以下に、現時点で有力な仮説を二つほど紹介しよう。

一つは、赤ちゃん側の要因について考えている仮説である。新生児の多くは、実は、顔を右に向ける傾向がある（胎児の姿勢を調べた研究では、胎児もそうであることが示されている）[17]。したがって、寝ている（顔を右に向けた）新生児を真正面から抱え上げる場合には、新生児の頭は、抱く人間に対して左側に向くことになる。新生児のこの傾向が母親や父親に左側に抱く傾向を生じさせるのかもしれない（なぜ新生児や胎児が顔を右に向ける傾向があるのかについては、さらに説明が必要となるが）。

一方、抱く側の要因を考えている仮説として、大脳の機能の点からの説明がある[18]。人間の脳では、左右の視野の情報はそれぞれ、反対側の脳半球に伝達され、処理されている。つまり、左視野の情報は右半球に、右視野の情報は左半球に投射されている。表情の変化や感情の認知は、この二つの脳半球の両方が関係しはするものの、多くの人では、左半球に比べ右半球のほうが大きな役割をはたしていることが知られている（感情の表出の場合もそうである）[19]。したがって、赤ちゃんを左側に抱いた場合には、赤ちゃんは左の視野に入る（情報が右半球に伝えられる）ことが多くなり、右側に抱くよりも、赤ちゃんの感情の状態をより的確に捉えることができることになる。

もちろん、この二つの仮説は排反するものではない。実際には、赤ちゃん側と抱く側それぞれの傾向が関係して、左側に抱く傾向が強められているのかもしれない。

能力や機能が身体の左右のどちらかの側に偏っていることは、「側性化」と呼ばれる。赤ちゃんを左側に抱くのも、こうした側性化の一種と考えられる[20]。こうした側性化は、神経系（脳）の機能の偏りの反映である。この典型は利き手だ。右利きの人は全体の約九〇％を占め、残りの約一〇％が左利きである。これには、ほとんどの人では、言語を担当する脳半球が左半球であることが関係していると考えられている（左半球は、反対側の右半身（右手）の運動も制御している）。左半球は、言語の処理のように時系列的な情報の処理と操作に特化しており、これは利き手が得意とする操作と共通している。

先ほど紹介したように、右半球は、多くの人では、左半球よりも感情や表情の認知を得意とする。赤ちゃんを左側に抱く人が全体の約八割を占めるということは、その反映なのかもしれない。この場合には、その人が右利きか左利きかは関係しないことになる。

† 感情との関係

ソークは、前述のように、出産後の母子の分離によって、左側に抱く傾向がみられなくなり、分離が長引くと、右側に抱く傾向が現われることを示した。この観察結果は、その後ほかの研究でも確認されている。

たとえば、ドゥ・シャトーらは、分離がなかった母親では右側に抱く母親の割合が一〇－二〇％であるのに対し、分離が二十四時間になると三〇－四〇％に増えるという結果を得ている[21]。ソークの言うように刷り込みではないにしても、また臨界期とは言えないにしても、分離が二十四時間を越えると、左側に抱く傾向がみられなくなるのは、確かなことのようだ。ドゥ・シャトーらは、母親は出産前から左側に抱く傾向をもっているのだが、分離が長くなると、その傾向が出てこなくなると考えている。そして、出てこなくなるのは、母子分離の不安な状態がそうさせるのかもしれないと推測している。すなわち、母親の感情の状態が関係しているというのである。

最近、フランスのヴォークレールらも、気分障害（感情障害）をもつ母親は、赤ちゃんを左側でなく、右側に抱く傾向があることを見出している[22]。これら二つの研究から示唆されるのは、赤ちゃんをどちら側に抱くかには感情の認知が深く関わっているかもしれないということである。

もちろん、われわれは、赤ちゃんや大切なものを抱くときには、抱きやすいように抱いているだけであって、普通はそれ以上のことは意識していない。しかし、その抱きやすさには、われわれの直接気づかないところで、感情の認知が関わっているのかもしれない。

（1） Salk, L., “Mother’s heartbeat as an imprinting stimulus,” *Transactions of the New York Academy of Sciences*, Series II, 24（7）1962, pp.753–763 ; Salk, L., “The role of the heartbeat in the relations between mother and infants,” *Scientific American*, 228, May, 1973, pp.24–29.（「母と子の間の心音の役割」小林登訳、『サイエンス』七月号、一九七三年、三四－四〇頁）

（2） 小児麻痺のワクチン（ポリオワクチン）はソークワクチンとも呼ばれるが、これを開発したのがジョナス・ソークである。彼は、アメリカのラホヤにある世界的な研究所、ソーク生物学研究所も創設した。リー・ソークは、このジョナス・ソークの弟である。

（3） ソークの発見はアカゲザルの母親が子を抱いているのを見てひらめきを得たことがきっかけになっているが、その後のアカゲザルを調べた研究では、赤ちゃんを抱くときに左側が好まれる傾向はないということが分かっている。彼がそのひらめきをそのままサルで試していたら、結局そういう傾向はないということになって、人間での発見はなかったかもしれない。

（4） これについて、イギリスの心理学者、マクマナスは、ソークが参照した画集は実は十四世紀中心のものであって、その後の一四五〇年から一五五〇年にかけて（いわゆるチンクエットと呼ばれるイタリア・ルネサンスの最盛期）の作品では断然右側が多いと書いている。しかし、これに先行して発表されているグリュッサーの研究は、西洋の美術作品では、チンクエットの時代を除くと、どの時代でも、母親は左側に抱いていることが多いことを明らかにしている（どうやらマクマナスはこの論文を知らなかったようだ）。つまり、チンクエットの時代のほうが特別だったのである。McManus, C., *Right Hand, Left Hand*, Phoenix, 2003 ; Grüsser, O.-J., “Mother-child holding patterns in Western art : A developmental study,” *Ethology and Sociobiology*, 4, 1983, pp.89–94.

（5） Richards, J.L., & Finger, S., “Mother and child holding patterns : A cross cultural study,” *Child Development*, 46, 1975, pp.1001–1004 ; Saling, M.M. & Crooke, W.L., “Cradling and transport of infants by South African mothers : A cross-cultural survey,” *Current Anthropology*, 25, 1984, pp.333–335.

（6） Manning, J.T., & Chamberlain, A.T., “The left-side cradling preference in great apes,” *Animal Behaviour*, 39, 1990, pp.1224–1227.

（7） Bogren, L.Y., "Side preference in women and men when holding their newborn child : Psychological background," *Acta Psychiatrica Scandinavica*, 69, 1975, pp.13–23 ; Scola, C., & Vauclair, J., "Infant holding side biases displayed by fathers in maternity hospitals," *Journal of Reproductive and Infant Psychology*, 28, 2010, pp.3–10.

（8） Suzuki, K., & Vauclair, J., "Les bébés portés sur le côté gauche : l'erreur de l'hypothèse du rôle des battements cardiaques," in *Une Excursion dans Quelques Mythes en Psychologie*, Editions du Seuil, 2013（in press）.

（9） Abel, E.L., "Human left-sided cradling preferences for dogs," *Psychological Reports*, 107, 2010, pp.336–338.

（10） Morris, D., *The Naked Ape*, Jonathan Cape, 1967.（『裸のサル――動物学的人間像』日高敏隆訳、河出書房新社、一九六九年）

（11） Detterman, D.K., "The effect of heartbeat sound on neonatal crying," *Infant Behavior and Development*, 1, 1978, pp.36–48 ; Tulloch, J.D., Brown, B.S., Jacobs, H.L., Prugh, D.G., & Greene, W.A., "Normal heartbeat sound and the behavior of newborn infants : A replication study," *Psychosomatic Medicine*, 26, 1964, pp.661–670.

（12） ソークの実験の追試をしているわけではないが、川上らは、一連の実験で、新生児の痛みを和らげる上で、大人の心音、ホワイトノイズ（白色雑音）、モーツァルトの曲や太鼓の音などがどの程度の効果をおよぼすのかを調べている。その結果、もっとも効果が高かったのはホワイトノイズで、心音はモーツァルトの曲や太鼓の音と同程度の効果しかもたなかった。この結果は、特定の音はたしかに効果をもつものの、心音だけが特別なわけではないということを示している。川上清文・高井清子・清水幸子・矢内原巧「母親の心音で赤ちゃんは安心するか」（『日経サイエンス』四月号、一九九八年）七二－七八頁。

（13） Todd, B., & Butterworth, G., "Her heart is in the right place : An investigation of the 'heartbeat hypothesis' as explanation of the left side cradling preference in a mother with dextrocardia," *Early Development and Parenting*, 7, 1993, pp.229–233.

（14） De Chateau, P., & Andersson, Y., "Left-side preference for holding and carrying newborn infants. II : Doll-holding and carrying from 2 to 16 years," *Developmental Medicine and Child Neurology*, 18, 1976, pp.738–744.

（15） 鈴木光太郎「母親だけが赤ん坊を左胸で抱くのか？――ソーク説をめぐって」（『遺伝』十月号、一九九五年）三九－四〇頁。左側に抱く父親が多いのは、自分の妻の抱き方をまねていることも考えられる。しかし、この調査に協力してもらった一〇七組の夫婦について抱き方の対応関係があるのかを統計的に調べたところ、関係はなかった。つまり、母親が右側で抱こうが左側で抱こうが、父親はそれとは関係なく抱いていた。父親が左側に抱くようになるのは、それとは別の理由によるのだ。

（16） Salk, L., "The critical nature of the post-partum period in the human for the establishment of the mother-infant bond : A controlled study," *Diseases of the Nervous System*（*Suppl.*）, 31, 1970, pp.110–116.

（17） Ginsburg, H.J., Fling, S., Hope, M.L., Musgrove, D., & Andrews, C., "Maternal holding preferences : A consequence of newborn head-turning response," *Child Development*, 50, 1979, pp.280–281 ; Previc, F.H., "A general theory concerning the prenatal origins of cerebral lateralization in humans," *Psychological Review*, 98, 1991., pp.299–334.

（18） Manning, J.T., & Chamberlain, A.T., "Left-side cradling and brain lateralization," *Ethology and Sociobiology*, 12, 1991, pp.237–244 ; Vauclair, J., & Donnot, J., "Infant holding biases and their relations to hemispheric specializations for perceiving facial emotions," *Neuropsychologia*, 43, 2005, pp.564–571.

（19） Campbell, R., "The lateralization of emotion : A critical review," *International Journal of Psychology*, 17, 1982, pp.211–229.

（20） 鈴木光太郎「なぜ母親は赤ちゃんを左胸で抱くか――ソークの説をめぐる問題」『オオカミ少女はいなかった――心理学の神話をめぐる冒険』（新曜社、二〇〇八年）一二〇－一三六頁。

（21） De Chateau, P., Holmberg, H., & Winberg, J., "Left-side preference in holding and carrying newborn infants : I. Mothers holding and carrying during the first week of life," *Acta Paediatric Scandinavica*, 67, 1978, pp.169–175.

（22） Vauclair, J., & Scola, C., "Dépression, alexithymie et latéralisation dans la façon de porter un nouveau-né," *Annales Médico-psychologiques*, 166, 2008, pp.269–276.

第二章　魅力の源泉を求めて

福島　治

好きになってはいけない人を好きになることがあるように、誰かに魅力を感じる場合、その人を好きになる合理的な理由の見当たらないこともある。原因を探る理性の力が感情に及ばないのなら、人が自分の好意的感情の湧き出でる源泉を知るのもまた困難であるのかもしれない。人が他の人に抱く好意的な感情はどこから発生してくるのであろうか。本章では、これまでの心理学的な魅力研究をみてゆきながら、魅力の源泉について考えたい。

1　魅力の規定因

人を好きになる気持ちに関して、体系的に心理学的調査や実験が行なわれるようになったのはそれほど昔ではない。「対人魅力」という心理学用語がみられるようになったのは、一九五〇年代の中頃からで、往時は心理学的態度の研究が盛んであった。態度とは、対象への好悪の「感情」、良し悪しの「評価」、接近か回避かの「行動」の三成分からなると考えられる心理学的構成概念のことである。態度研究は、売れ筋商品や人種や支持政党など、さまざまな対象への幅広い応用が可能であった。そうしたなかで、社会心理学者ニューカムは、人を対象とした態度を他の対象と区別するために「魅力」という語の使用を提案した。[1] そして、その論文タイトルで用いられた「対人魅力」という用語がその後、広がっていったようだ。

ニューカムの論文では、対人魅力の規定因として近接性が挙げられていた。近接性は当時すでにフェスティンガーらによる新設集合住宅団地の人間関係形成過程の研究など[2]によって明らかにされていた効果で、物理的に近くに住んでいる人に対してほど好意を感じやすいことを指す。ニューカムによれば、近接性の効果は、相互作用で与えられる報酬-罰の比が強化方向にあること、その効果は相互作用頻度の高い場合ほど顕著になることの二つを仮定すれば、条件づけの原理で説明できるという。

ニューカム以後、三十年ほどは、魅力の規定因研究が続き、それなりの進展をみせた。物理的距離の検討に続き、返報性の効果、態度の類似性、情動の誤帰属、自己開示など、いずれも魅力を増減させる要因や現象として興味深いものである。この後はそれらの事例を簡単にみていこう。

†出会いの奇跡

人に魅かれるという現象を考えるとき、すでに相手が目の前にいることを前提にして考えがちである。しかし、世の中の広さを考えると、まずその相手と出会うチャンスの大きさにも目を向ける必要がある。出会いがなければ恋に落ちないし、友情も芽生えないからである。そのチャンスを左右するのは、互いが物理的に近くにいるか否か、生活行動圏に重なりがあるか否か、つまり近接性である。ニューカムが考えていた、罰より報酬の多さゆえに魅力を感じるといった話は、出会ってから始まることだ。したがって、近接性の一次的な効果は、好意をもつかもしれない相手との出会いのチャンスを増加させる点にあり、強化子としての相互作用による魅力の高まりは二次的な効果とみたほうがよいだろう。強化子としての強さだけを考えるのならば、むしろ時々強い報酬の得られる間歇強化の方が効果的である。遠距離恋愛で燃え盛る気持ちが消えないとするならばそのためであろう。何しろ、巡り合いこそが、いやそれだけが決定的であるという生物もいる。単細胞生物のゾウリムシが異性どうしで結びつく割合は、所定面積内の個体の密度で規定される接合チャンスに依存するという[3]。異性間の結びつきは、ある程度（ゾウリムシは全面的に）、二つの個体が出会う確率に依存しているのだ。

この話は異性間にとどまらない。先のフェスティンガーたちの研究でいえば、同じ団地内でご近所住まいになることは偶然のなせるわざだ。学校などで名簿順に寄宿舎の部屋や教室の席順などを決める場合には、生徒どうしの接触機会が氏名の順番に依存することになるので、その近い人どうしが友人として親しくなりやすいことなどが知られているが[4]、この場合は名前の近さが奇縁となる。相手が異性であれ同性であれ、相互作用が快適であることは必要になるが、その相互作用の有無そのものを決定するのが出会いの奇跡なのである。

† 相互作用における報酬

ニューカムが言及していた強化子としての相互作用による魅力の増大は、返報性の効果の説明としても適切であろう。人は好きになってくれた人を好きになる。自分がある人から好意をもたれているというフィードバックを受けると、その人に対して好意をもつようになることが知られている。これは相手からの好意的フィードバックが強化子として作用するためだと考えて差し支えない。常識的に考えれば、隣近所の人たちにはできるだけ愛想よく挨拶するのが礼儀である。そこで、お互いにそのようにすることになるのだが、そうだとすれば近所づきあいでは基本的には返報性の効果が現われ、よい関係が作られるはずである。しかし、隣近所の付き合いがすべてうまくゆくわけでない。ある実験によると、返報性は関係の初期段階でのみ威力を発揮する。一週間おきに六回の会合をさせていくつかのテーマで話し合うというようなことをやり、最初の回に条件操作として好意的フィードバックを与える。すると初めのうちはそれが報酬としての役割を果たしてか、自分に好意をもっていると思った相手に対して高い好意を示した。しかし、六回目の時点では最初に好意をもってくれたことの効果はすっかり消失していた。二回目以降の自由な相互作用のなかではその人工的なフィードバックを相殺するような罰に相当する言動があったに違いない。現実も同じで隣の人とささいなことで問題が起こると、それを契機にして相手とのやり取りのなかに報酬よりも罰の経験が増えてゆくことは想像に難くない。

自分の情報を相手に伝える自己開示も魅力や好意に影響する。自己開示は深さの違いが重要である。浅い自己開示とは自分の好きな食べ物は何かなどといった当たり障りのない情報であり、深い自己開示とは、自分の性体験など、そう安々とは人に言わない情報のことだ。一般に深い自己開示をしたほうが相手から好意を得やすいと考えられている。深い自己開示が魅力に影響する理由については、それが受け手への信頼や好意を表わすからだと考える研究者が多い。直接に好意があると伝えられるわけではないが、深い自己開示を受けることによって、自分への信頼や好意を感じ取るわけである。そして、そのお返しに好意を高めるということであるから、これは好意の返報性と同質である。もっとも、実験室では自己開示をする話題が実験者によって指定されるなど、いきなり深い自己開示がなされることもあり得るような状況的特殊性がつくられている。日常生活のなかで初対面の相手にいきなり深い自己開示をしたら変わった人と思われて、好意が高まるどころか敬遠されるに違いない。ここでのポイントは、深い自己開示があなたを信頼していますよというサインとしていかに機能するかにある。現実場面でも、ある程度の親しい関係が構成されているならば、深い自己開示や悩みの相談が、そのサインとして機能し、関係をいっそう親密にするだろう。直接的な好意のフィードバックにせよ、信頼のサインであるにせよ、それらは受け手にとって報酬としての効果をもつ。したがって、このような観点では、魅力の源泉は相手が与える報酬にあることとなる。

† 態度の類似性

相手との相性というのも一般的には魅力に影響する。研究されてきた事項のなかでは、態度の類似性がもっとも明瞭である。人は自分と態度が似ている人に好意を抱く。先にみたように態度は感情、評価、行動の三成分からなるが、簡単に言えば、物事に対する意見や立場のことで、たとえば、原子力による発電を続けることに賛成か反対かといったことである。類似性効果を検討する基本的パラダイムは、素朴なもので、被験者はまず質問紙を手渡され、自分の態度を測定するための項目に回答する。その後、別の人が同じ項目に回答した質問紙を渡され、これからこの人に会ってもらうのだが、回答をよくみて好意をもてそうかどうか教えてほしいと告げられる。ただし、その相手の回答については被験者の回答と似ている程度が操作される。実験者が、回答を終えた被験者の質問紙を受け取った後すぐに別室でそれをみて、その相手の回答をすばやく作るのだ。そして、このとき被験者の回答と似ている程度が、〇－一〇〇％の間で変化させられる。どの程度、態度が似ている他者にどれだけ強く好意を抱くかが調べられた。多くの実験が行なわれたが、それをバーンがまとめた結果によれば、たしかに態度の類似度が上昇するにしたがって好意の得点も増加する。この実験状況では、被験者が得られる他者の情報は、態度の質問紙への回答結果だけで、顔を合わせたり、実際に会話をしたりはしない。好意を答えた時点で実験は終るのである。そうしないとさまざまな要因が混入してしまうからで、純粋に態度が似ている程度だけを刺激として与えるやり方である。

なぜ態度の類似が相手への好意を高めるかについては三つの見方がある。一つは、自分の回答内容とよく似た他の人の反応は、被験者にとって報酬になるからである。なぜなら、質問される態度はなかなか難しい問題で、どちらにすればよいか一概に決めにくいものばかりだ。つまり、態度を答えたものの必ずしも自信がもてないときに、自分と似た回答をした人がいるという事実が被験者にとって快刺激になるからである。もう一つは、会話をする相手が自分と似た態度をもつのであれば、話が合うといった予期がなされる。好ましい会話が予期されるために快感情が伴うので相手への好意が高まるというものである。この二つは、いずれも態度の似た相手の存在が報酬となる効果に着目しているので同じ原理による説明であるともいえる。三つ目は、類似性が直接に魅力を高めるのではなく、認知評価を媒介するというものだ。[5] 認知評価とは要するに相手がよい人か否か、尊敬に値するか否かといった人物評のことである。人は一般に自分の考えを妥当だと思う傾向があるので、自分と類似した態度をもつ人物の考えも妥当として評価が高くなる。その高い評価ゆえに相手に好意を感じるというのがこの立場の考え方である。類似した態度の人物であっても、評価自体をしなかったり評価をしてもそれが高くなければ好意は高まらないことになる。結局、表面的には態度の類似性が魅力の源泉ということになるが、その裏には、類似した態度によって得られる報酬が実際の源泉であるという見方と、相手への高い評価が源泉であるという見方があることになる。

†　恐怖が恋に変わるとき

個人内の生理過程に着目した研究もある。人に魅力を感じるとき、愛しい人が目前にいるとき、人は生理的に興奮している。しかし、この興奮は、怒りを感じたり楽しさを感じたりするときにも生じる。感情の種類は異っていても、人の内部では、よく似た生理的な興奮が喚起されるのである。[6] スタンレー・シャクターは、この生理的興奮の状態と、それに対する主体の認知的ラベリングによって感情が経験されるというモデルを提案した。このモデルを検証するために計画された実験では、参加者がアドレナリンを投与され心拍数の増加など興奮した状態にされる。その途上で新たに、同じように実験に参加している人が連れてこられ、実験者がいなくなるとその人物は「メモ用紙使っていいって言ってたよね」などと言いながら、紙をまるめてゴミ箱へ入れるバスケットボール遊びや紙飛行機を作って飛ばすなどして待ち時間を楽しんでいる。このとき、薬の興奮作用について正しい情報を与えられた人と比べると、体の一部にかゆみが起こるなどと偽の情報を与えられた人は、待合室で「楽しさ」を感じていた。自分の内部で起こっている興奮を正しく薬のためだと思った人は、その興奮に感情関連のラベルを付けなかった一方で、薬について偽情報を与えられた人は興奮と薬を結びつけられず、おかしなことをしている人によって楽しさを感じたと自分の内的興奮状態に誤って「楽しい」というラベルを与えたのだ。この感情の誤帰属のしくみを応用したのが有名な吊り橋実験である。高い位置にかかる吊り橋は石橋と比べて恐怖による生理的喚起が高まる。そこへ美女がインタビューに現われると、本来は恐怖によって生じた喚起を美女登場による喚起と取り違えてしまうのである。この場合、魅力の源泉は、身体的な喚起と、その喚起を好意的感情と認識する状況（目の前に美人やイケメンがいるなど）にあるといえる。(7)

† 魅力の源泉としての報酬

このように、魅力を高める条件が検討されてきているのだが、奇跡の出会いを果たしてからの魅力の主な源泉が何であるかと考えるならば、それは相手から得られる報酬であると言えそうである。誤帰属と認知評価を除けば、対人魅力とは、その対象が主体に与える報酬／罰の比率に規定される。すなわち対象が報酬系を活性化させる程度である。報酬系を活性化させる刺激が何であるかは、相手の行為や態度など状況によって異なってくる。具体的には、近所での気持ちの良い挨拶や町内会の役割をきちんと果たすといったことであろうし、豊富な話題やユーモアのある楽しい会話などかもしれない。先にみたように自分自身の態度と類似した他者の態度も報酬となる。何が報酬になるのかは人によって異なる部分も多いと考えられるので一義的には特定できない。

魅力の源泉が他者から与えられる報酬であるというなら、その見方はニューカムの時代から変わっていない。対人魅力とは、結局のところ、対象人物が、個人の脳内報酬系をいかに通過するかの問題であり、これ自体は斬新な結論ではない。たとえば、社会的交換理論[8]では、二者間の相互作用における報酬と罰の量がその後の相互作用や関係のあり方に及ぼす効果について十分に議論されてきた。返報行動や自己開示は、交換理論でいうところの活動（個体の自発的行動）の具体例にすぎなかったのである。ただし誤帰属のように、魅力の問題を、生理的喚起を背景とした認知的ラベリングのモデルに組み込んでしまうのは報酬とは別系統の話であり、ユニークな考えで独自の価値をもつといえる。

2　魅力的な顔

† 顔の魅力

上述の魅力研究とは別に、顔認知の研究のなかで魅力を扱ったものがある。特に、画像合成技術の発展と利用しやすさとが相まって顔刺激の作成が比較的自由になるといろいろと面白い知見が得られるようになった。顔の魅力判断のよく知られた研究は、乳児も大人が魅力的と感じた顔に好意をもつ（興味をもつ）というものだ[9]。まず大人に複数の顔写真を見せて顔の魅力評価をしてもらう。複数の人に判断してもらうことで、顔写真には魅力評価の平均点がつく。この点数の高い顔と低い顔を乳児に見比べてもらうと、点数の高い魅力的な顔のほうを見ている時間が長い。乳児は興味をもった絵や写真などの刺激のほうをそうでない刺激より長く見る傾向があることが知られている（この性質を利用して乳児の視覚や認知について検討する方法を選好注視法という）。つまり、乳児が興味をもって長く見つめていた顔写真と、大人が魅力的であると評価した顔写真は一致していた。もちろん乳児は言語的には「魅力的」という概念をもたないので、正確には大人が魅力的と評価する顔に乳児は注意を引きつけられたことになる。では、人は顔のどのような性質を基準に魅力を評価するのであろうか。

† 対称顔と平均顔

これまでに、魅力的な顔の規範的な形式を定めるような二つの基準が明らかにされている。一つはシンメトリー、左右対称性である。左右対称の顔が好まれることを確かめるにはどのようにするのか。まず、ある人物の顔写真を真ん中で左右に切り取る。左の顔の鏡像を作って、その左の顔とくっつけて一枚の顔写真にする。左顔とその鏡像でできた顔写真だ。右側も同様にする。こうして作るのはキメラ顔と呼ばれる。乳児に登場してもらって、キメラ顔と、同じ人物の普通の顔写真とを見せる。すると、キメラ顔のほうを見ている時間のほうが長くなるのである[10]。普通の顔写真はよく見ると左右対称ではないが、キメラ顔は完全なシンメトリーである。乳児は対称性のある顔を好んでみるのである。

もう一つの基準は、平均である。平均顔が好まれることに関しては、ラングロイスとログマン[11]以来、多くの研究が行なわれている。平均顔は複数の異なる人物の顔写真を合成して作る。画像技術やプログラムの発展で、比較的容易に作れるようになった。最近はケータイのアプリまであるらしい。たとえば男性の平均顔や女性の平均顔、もちろん男女を混ぜた中性的平均顔や日本人の平均顔も作れる。自作の一例を図1に示した[12]。これはある家族（男二、女四）の平均顔である。合成に使った元の顔写真の大きさや顔の角度などの具合で、顔部分の整合に多少のズレが生じてぼやけたような感じになっているが、これはソフトの扱いに習熟すれば改善される（と思われる）。

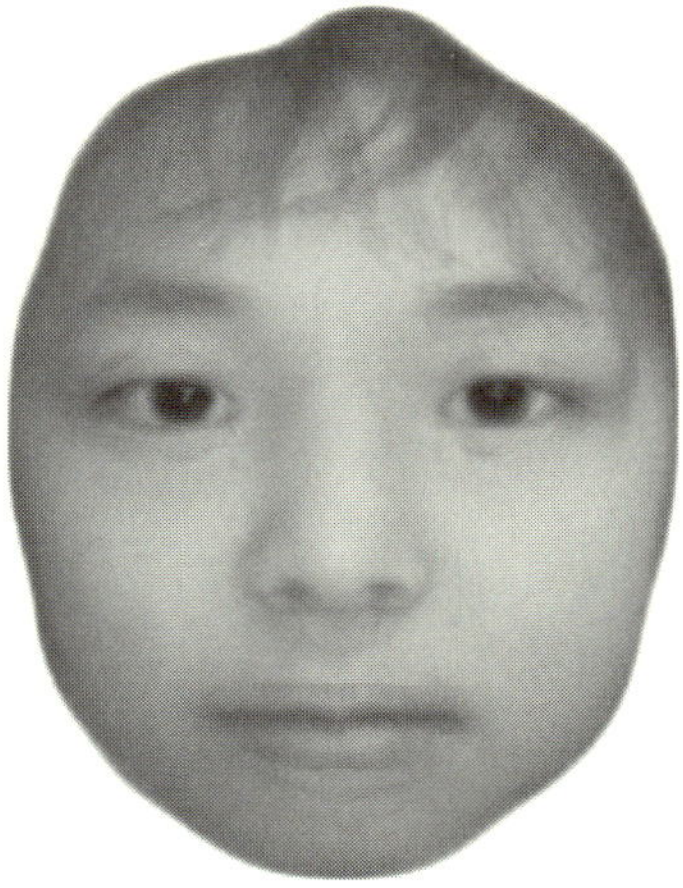

図1　平均顔

ところで、少し考えると、対称性と平均とには関連があるようにも思える。個々の顔は完全な左右対称ではないが、それらを合成すればするほど左も右も平均化していく。平均化するということは個々の顔に備わっていた左右の特徴、たとえば左目のほうがやや細い、口がやや右上に傾いているなどが、相殺されることを意味する。したがって、平均顔が好まれる理由の一つは個々の顔よりも対称性が高いからだといえるかもしれない。二つの基準は、結局同じ性質を指すようだが、それが区別されるのはそれぞれの基準に関わる二つの異なる考え方があるからだと思われる。

† 対称性への選好

人が左右対称な顔を好む理由は、魅力の源泉を探る上で重要な問題である。支持されている説の一つは、顔の対称性が生物学的な意味での配偶者選択に関わっているためというものである。この見方では、平均よりも対称性という概念の方が収まりがよい。顔や身体の対称性は、病気やケガと縁遠い、健全な身体発達のサインだとみなすからである。つまり、各個体に備わっている対称性の程度が問題となっているのだ。健康な配偶者は不健康な配偶者より繁殖に適しており適応上の利点がある。この立場は進化心理学と呼ばれて近年勢いを増しており、顔の対称性への選好を健康を表わすサインへの選好だとみる知見も相当数に登る[13]。加えて、人だけでなく昆虫でも、たとえば触覚の対称性が配偶を有利にする効果があるようだ[14]。

しかし、写真刺激で作成したキメラ顔を使う場合、左右対称な顔を作るのはたやすいが、現実にはそれほど正確に対称をなす顔は存在しない。もし人が対称性を健康のサインとして利用しているというのなら、実際に対称性と健康に関連のあることを示す証拠が必要である。そのためには、実在人物の顔について対称性の程度を測定して、それらの人びとの健康度を調べる必要がある。対称性と健康に関しては支持的なものでは、顔写真や健康診断情報を含むアーカイブデータを使った研究がある(15)。この研究は三百十六名の中年成人の十七歳時点の顔写真について、四十八名の大学生に逸脱性(どの程度変わった顔か)と非対称性を評定させ、それらの指標と健康診断等の諸データから医師が総合的に判断した五段階の健康度との関連をみた。すると、逸脱性は男性で三-十歳時の平均健康度と、女性で十一-十八歳時の平均健康度と関連があった。評定された非対称性にはそうした関連はみられなかったが、写真に写った顔の計測による物理的な非対称性は、女性の三十-三十六歳の平均健康度と関連があった。対称性と健康度の関連が部分的にしか示されていない難点はあるが、実際の病歴や症状に基づく健康データと顔の対称性との関連は興味深いものである。一方、対称性と健康の関連に否定的な最近の研究もある。亡くなった人たちの昔の顔写真から、それぞれの人の顔の対称性を測定して、どの程度の寿命であったか相関をとる手法である。この研究では、顔の対称性も魅力も生存の長さとは関連のないことが報告されている(16)。左右対称性が健康と関連するか否かについては、まだ結論できる状況ではなさそうである。

†プロトタイプへの選好

支持されている説はもう一つある。プロトタイプへの選好という見方だ。顔は人さまざまで、それぞれ特徴があるのだが、目、鼻、口、輪郭など共通のパーツで構成されておりその配置パターンも決まっている。違っているのは、各パーツの大きさや長さ、その輪郭内での位置であり、それが個性になっている。プロトタイプとは、そうした個性をなくした典型のことである。ある対象のプロトタイプは、多くの対象事例を知覚した結果として生成されると考えられているので、たくさんの人の顔を知覚することによって、顔のプロトタイプが形成される。顔に限らず一般に、鳥や魚や自動車といったさまざまな対象カテゴリーについて、プロトタイプは形成され、一般的傾向として、プロトタイプに近い事例ほど好ましさの評価が高いことが知られている。(17) これがプロトタイプへの選好である。プロトタイプとは多くの事例を平均化することで得られるものである。したがって、こちらは対称性よりも平均という概念の方が収まりがよい。個々の人の顔は必ずしも正確な左右対称ではないが、それらを集約して、中心傾向を抽出した顔のプロトタイプは、集めた顔の数が多いほど左右対称に近づいてゆく。実験で使われる平均顔は計算機によって作成されたプロトタイプである。個人は計算機とは違う仕方で自分の保持する情報を集約したプロトタイプを作っていると考えられるが、中心傾向を抽出するという方向性が同じであれば、情報処理の方式は違ってもよく似た結果を生むだろう。そうだとすれば計算機が作成した対称な顔や平均顔は、個人の有する顔プロトタイプに近いため、他の刺激に比べて選好されると考えられる。この場合、魅力の源泉は経験から抽出された平均的形式との一致ということになる。

3　配偶者選択

顔の魅力に関しては、進化的アプローチに対してプロトタイプ説というライバル仮説があるのだが、魅力研究全体を見渡すと進化心理学的な観点が勢いを増しているように思われる。今では魅力の、特に異性に感じる魅力の心理学的研究は進化的適応の観点なしには議論が難しい状況になってきた。二つの性がある生物種は、異性と巡り合ってはじめて子をなせる。さまざまな種類の生物がどのような異性を好むのかは配偶者選択の問題として検討されるが、ヒトもその列に正式に加えられたのだといえよう。

このことは、人の魅力の問題が生物学に移ってしまったということではない。心理学のなかに、進化的適応の観点から人の認知・感情・行動などの心理現象を理解しようとする理論や方法論が流入し、進化心理学が登場したのである。魅力や配偶者選択の問題もそのなかで議論されることになった。進化的適応の枠組み内で考えるため、自己の遺伝子の担い手を増やすという観点で話が進む。ここでは次に、その適応にとってどのような属性が重要なのかみてゆこう。なお、配偶者選択には長期的関係を前提とした場合の戦略と短期的関係における戦略とが考えられるが、人の場合、一般的に配偶というと長期的関係を想定することが多いので短期的関係は割愛する。

† 女性が重視する男性の属性

配偶者選択において女性が重視する属性の一つは資源の量である。人に限らず、所有資源の多い雄を雌が選好することはよくみられる。現有物だけでなく、将来的にみてどの程度の資源が得られるかという見込みも重要だ。結婚相手の経済的序列について、一〇〇を最上位とすれば少なくとも六七の男性が望ましいとする米国女性のデータもあり、男性が女性に望む四二と比較すると開きがある[18]。女性が相手の稼ぎを重視する傾向は世界に広くみられる。地位も同じ意味で重要だ。地位の高い男性はより多くの資源を得やすいだけでなく、それを差配する役割も担うことがある。年齢も高い方が稼ぎがよい。性格では意欲や熱心さがまず重視されるが、これも稼ぎにつながるからであろう。男性の頼りがいや信頼性や情緒的安定性のような性格特性も重要だ。これは女性やその子に対して資源が安定的に供給される可能性の高さを意味する。こうした特性に欠ける男性は、突如として関係を解消するなど思わぬコストを招き入れる可能性がある。現代では、平均的な男性以上に収入の高い女性も多数存在するが、そうした女性もほとんど収入のない女性と同じように、個人差はあるものの平均的には地位や財産といった属性を重視する傾向があるという[19]。

二つ目は関係へのコミットメントである。相手が自分との関係に強く心理的な結びつきをもつことは、その資源や力を独占的にあるいは優先的に得るために重要である。男性が直接的に愛情を表現したり、結婚の話をしたり、将来もつ子どもの話をすることは、女性にとって自分とその子どもへのコミットメントの証になるので重要だ。財産や稼ぎや健康など他の好ましい属性に加えて長期的関係つまり結婚には愛情が必要だと考える女性が大多数だ[20]。女性からみると、パートナーの男性が自分の子どもにではなく他の女性へ資源を配分してしまうことも大いに考えられる。父親として子に投資する努力よりも新しい配偶関係を作ることが男性にとって有利になることもあるからである。女性は相手が自分や子どもへ間違いなく継続的に投資する可能性を見極めねばならないのである。そのため、女性にプレゼントを贈ったり将来の愛を誓うなど、積極的な愛情表現によってコミットメントの高さを印象づける男性は好まれるのである。もちろん、それが真意であるかを見極める女性の目も磨かれているはずである。

†　男性が重視する女性の属性

一方、男性が重視する女性の属性は、若さと身体的特徴である。出産に適した年齢に達していれば、若い女性のほうが、妊娠や出産のリスクが小さくまた数多くの子を産むチャンスがあるので男性から好まれる。年下の女性の方がいうことを聞かせやすいとか相手の女性が年上を好むので男性も必然的に年下を好むようになるといった見方もあるが、十代の男性は年下ではなく年上の女性を好ましいと考える割合が他の年代よりも高い。これは、単に女性の若さではなく妊娠・出産の効率性を最大化できるかが重要だという見方を支持する。

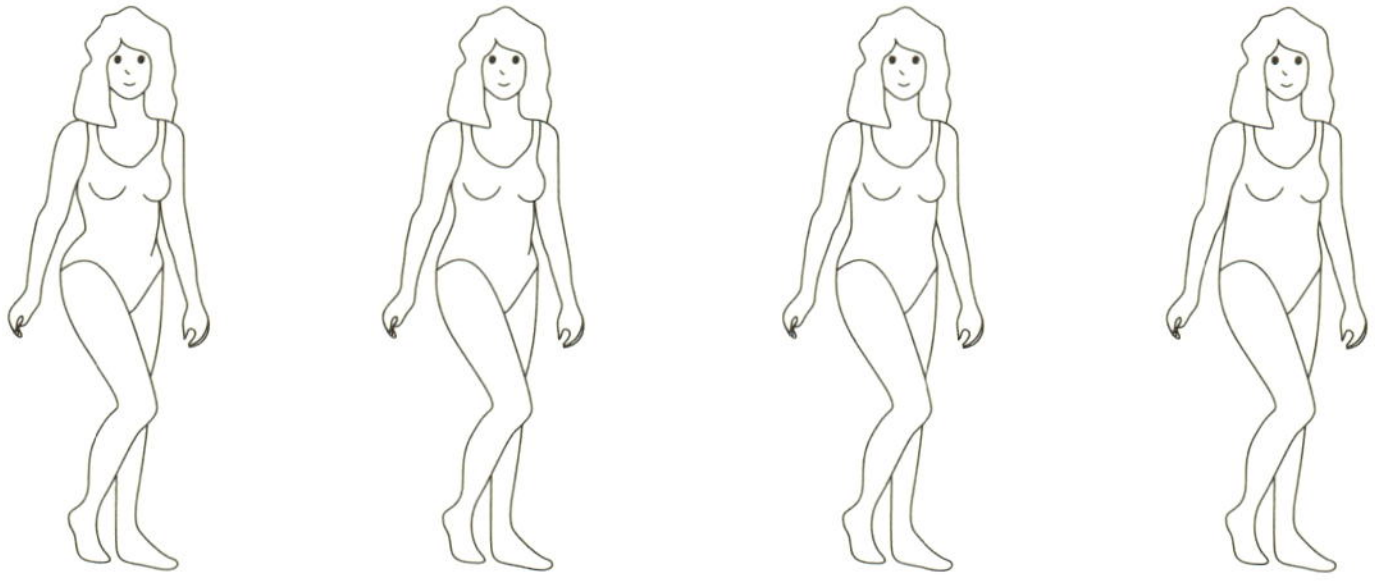

図2　標準体型の女性図

女性の顔の対称性を重視するのは男性も同じだが、身体的特徴は男性のほうが重視する傾向がある。人にとって魅力的な身体とは、子孫を残す上で有利にみえる身体であるということである。他の生物種でも特定の身体的特徴の選好が数多く研究されてきたが、人に関してもっとも注目されてきたのはＷＨＲ（waist-to-hip ratio）であろう。図2をみてほしい。ＷＨＲを〇・七－一・〇まで変化させた標準体型の女性図である。こうした図をみせて、一つ選ぶとしたらどれがもっとも好ましいかを答えてもらうと、〇・七の図がもっとも選ばれやすい[21]。ＷＨＲは動脈硬化などの健康指標と相関があり、保健分野では間接的な肥満の目安として用いられることも多い。一・〇に近いほど健康度からみてマイナスであることを意味する。もっとも栄養摂取などの基本的生活条件が不十分な地域では、〇・七よりも大きな値への選好がみられることなども報告されている。この場合は、むしろ大きなＷＨＲが栄養摂取の十分なことや健康であることを表わす指標となり得る。適応という観点からみれば、パートナーは健康であるほうが好ましい。人に特定の身体的特徴への選好があるのは、そこに健康との関連を感じ取っているからだというわけである。また、健康との関連のほか、妊娠していない女性や出産適齢期の女性は、実際にＷＨＲが低いことなどが男性から選好される理由であるとする見方もある。このように、身体的特徴の選好は個体の健康度や多産性と関連づけて考えられている。

身体的特徴に関してはメディアが現代に混乱をもたらしている側面がある。各種メディアには男性の好む属性に適合する女性が数多く登場する。日常的に多くの美女を目にしている男性ほど自分のパートナー候補や現実のパートナーに対する相対的魅力は減少してしまうかもしれない。実際、とても魅力的な女性の写真をみた後では平均的な魅力の女性の写真を見た後よりも、現在のパートナーの魅力評価が低下してしまう。(22) 時々、豊胸や整形など美容手術を受ける女性の増加やそれにまつわる事故などが話題になるが、メディアによって大量に流される選抜された健康的にみえる美女たちがあふれているゆえに、女性たちのなかには本来必要のないみかけ上の配偶者獲得競争に入り込んでしまっている人もいるのかもしれない。

4　おわりに

ここまでみてきた知見から、主な魅力の源泉を挙げるとすれば、報酬と子孫繁栄（遺伝子を残す）をもたらす属性である。男性の所有する財産や健康的な女性の身体などは、そうした相手と関係をもつことによって、それ自体が報酬作用を与えるものである。両者は重なる部分が大きいとみることもできるかもしれない。

しかし、魅力の源泉として適応に利点をもたらす属性と報酬の二つを区別しておくのは重要である。子を設けることを前提としていなくても人に魅力を感じるからである。

報酬を与えてくれる他者が、子孫につながらないのはどのような例だろうか。至極当然のことであるが、同性どうしの友人関係がある。愛情と友情は別物だという見方もあるが、報酬を通して相手に魅かれることだと考えると両者を同じ概念で考えることができる。

また、愛情に限っても同性愛のパートナー関係は、生物学的な意味での子孫とは関わらない。養子のような形式で子をもつことはできるが、パートナー双方の遺伝子を受け継ぐ子を養育することは今のところできない。このような関係は明らかに遺伝子とかかわらない愛情であり、相手からさまざまな満足が得られるために魅力を感じる場合があることを示している。さらに、妊娠のできない年齢であったり、そうした体質であったりして、子どもを想定しないパートナー関係や結婚関係もこうした愛情で成り立っている。

　つまり、愛情関係における魅力といったときにも、進化的適応の観点だけでは、そのプロセスを完全に明らかにすることはできない。魅力の源泉としての報酬は、進化的適応による魅力では説明できないところをカバーできるといえそうである。

（1）Newcomb, T. M., *The prediction of interpersonal attraction*, American Psychologist, 1956, pp.575–586.

（2）Festinger, L., Schachter, S., & Back, K., *Social Pressures in informal groups : A study of human factors in housing*, Stanford University Press. California, USA, 1950. これ以前にも、*Sociometry* の第一巻に、村の人びとの関係の作り方のパターンを検討した論文が掲載されている。これは、どのような相手と関係をもとうとするのか、また関係をもっているのかについて、社会経済的地位と人びとのグループ化と対応関係をみている（Lundberg, G. A., "Social attraction-patterns in a rural village : A preliminary report," *Sociometry*, 1, 1937, pp.77–80 ; Lundberg, G. A. & Steele, M., "Social attraction-patterns in a village," *Sociometry*, 1, 1938, pp.375–419）。

（3）樋渡宏一「ゾウリムシは恋をするか?――性の起源を考える」（『Imago』一九九三年）四－一三、一一二－一一四頁。

（4）Segal, M. W., "Alphabet and attraction : An unobtrusive measure of the effect of propinquity in a field setting," *Journal of Personality and Social Psychology*, 30, 1974, pp.654–657.

（5）Montoya, R. M., & Horton, R. S., "On the importance of cognitive evaluation as a determinant of interpersonal attraction," *Journal of Personality and Social Psychology*, 86, 2004 , pp.696–712.

（6） すべての感情でまったく同一の生理的反応が記録されるわけではない。しかし、また種々の生理的反応から経験される感情の種類を特定することも困難である。感情と生理的反応の関係には未解明の部分も少なくない。

（7） Schachter, S. & Singer, J. E., “Cognitive, social, and physiological determinants of emotional state,” *Psychological Review*, 69, 1962, pp.379–399. Dutton, D. G. & Aron, A. P., “Some evidence for heightened sexual attraction under conditions of high anxiety,” *Journal of Personality and Social Psychology*, 30, 1974, pp.510–517.

（8） ホーマンズ、C『社会行動――その基本形態』橋本茂訳（誠信書房、一九七八年）（Hormans, G. C. 1961, 1974 Social behavior : Its elementary forms. Oxford, England : Harcourt, Brace）。

（9） Langlois, J.H., Roggman, L. A., Casey, R. J., Ritter, J.M., Rieser-Danner, L. A., & Jenkins, V. Y., “Infant preferences for attractive faces : Rudiments of a stereotype?” *Developmental Psychology*, 23, 1987, pp.363–369.

（10） Samuels, C. A., Butterworth, G., Roberts, T., Graupner, L., & Hole, G., “Facial aesthetics : Babies prefer attractiveness to symmetry,” *Perception*, 23, 1994, pp.823–831.

（11） Langlois, J. H. & Roggman, L. A., “Attractive faces are only average,” *Psychological Science*, 1, 1990, pp.115–121.

（12） 平均顔の作成に使ったソフトウェアは、原島博氏のホームページから入手した。

（13） Thornhill, R. & Gangest ad, “Facial attractiveness,” *Trends in Cognitive Sciences*, 3, 1999, pp.452–460.

（14） Møller, A. P. & Zamora-Muñoz, C. Antennal asymmetry and sexual selection in a cerambycid beetle Animal Behaviour, 54, 1997, pp.1509–1515.

（15） Rhodes, G., “Zebrowitz, L. A., Clark, A., Kalick, S. M., Hightower, A., McKay, R., “Do facial averageness and symmetry signal health? ,” *Evolution and Human Behavior*, 22, 2001, pp.31–46. 十七歳の健康と関連あり。

（16） Dykiert, D., Bates, T. C., Gow, A. J., Penke, L., Starr, J. M., & Deary, I. J., “Predicting mortality from human faces,” *Psychosomatic Medicine*, 74, 2012, pp.560–566.

（17） Martindale,C. & Moore, K., “Priming, prototypicality and preference,” *Journal of Experimental Psychology : Human Perception and Performance*, 14, 1988, pp.661–670. ; Whitfield, T.W.A. & Slatter, P.E., “The effect of categorization and prototypicality on aesthetic choice in a furniture selection task,” *British Journal of Psychology*, 70, 1979, pp.67–75.

(18) Kenrick, D. T., Sadalla, E. K., Groth, G., & Trost, M. R., "Evolution, traits and stages of human courtship : Qualifying the parental investment model," *Journal of Personality*, 58, 1990, pp.97–116.
(19) Buss, D. M., *Evolutionary psychology : The new science of the mind*, Allyn & Bacon. MA, USA, 1999, pp.124–125.
(20) Sprecher, S., Aron, A., Hatfield, E., Cortese, A., Potapova, E., & Levitskaya, A. Love : American Style, Russian Style and Japanese Style. *Personal Relationships*, 1, 1994, pp.349–369.
(21) Singh, D, "Adaptive significance of waist-to-hip ratio and female physical attractiveness," *Journal of Personality and Social Psychology*, 65, 1993, pp.293–307.
(22) Kenrick, D. T., Neuberg, S. L., Zierk, K. L., & Krones, J. M., "Evolution and social cognition : Contrast effects as a function of sex, dominance, and physical attractiveness," *Personality and Social Psychology Bulletin*, 20, 1994, pp.210–217.

第三章　視覚‐運動協調の発達
――乳児期の移動行動と光学的流動知覚の相互作用から――

白井　述

1　はじめに

自身の身体を周囲の環境とは独立した「モノ」として認識し、その挙動を適切に制御する能力は、すべての動物にとって重要な適応的機能である。もちろん動物の一種であるわれわれヒトにとっても、そうした能力が重要であることは疑いようもない。しかしながら、われわれは生まれながらに自身の身体を環境と切り離して認識し、それを意のままに操ることができるわけではない。われわれヒトにはさまざまな身体運動のレパートリーがあり、それぞれ発達の速度は異なるが多くの場合、生後数か月‐数年の期間を経てさまざまな身体運動が発達していく。これまでに多くの哲学者や発達心理学者、生理学者たちによって、そうした身体運動が、発達の過程を通して感覚・知覚の機能とどのように統合され制御可能になるのかが議論されてきた。

こうした感覚‐運動間の協調機能の発達的変化、とりわけ、初期発達における体性感覚（皮膚や筋肉、腱、関節などから伝わる、自身の身体のさまざまな状態についての感覚）と視覚の間に生じるダイナミックな発達的相互作用については、多くの理論的、実証的検討による知見が蓄積されている。本論では、まず、ヒトの身体運動制御に視覚の果たす役割の大きさについて古典的な心理学的研究の例を紹介し、また、そうした視覚‐運動協調の機能が、個体発生の過程でどのように発達していくと考えられてきたのかを概観する。そして、後年そうした問いに関連する実証的研究がどのように進展してきたのかについて、具体的な研究の例を挙げながら詳細に解説し、最後にそのような「伝統的な」身体運動発達観が今日においてどのように評価されるべきか、その理論的な拡張の可能性について述べる。

2　視覚‐運動協調についての古典的研究

† 視覚による環境知覚と身体運動

われわれヒトにとって視覚は特別な感覚であるように思われる。聴覚や嗅覚、味覚などの感覚であればともかく、多くの人びとにとっては視覚が利用できない状況で日常生活を過ごすことは非常に難しいのではないだろうか。おそらくこうした印象は、ヒトの身体運動の制御に視覚が大きく貢献していることによるのだろう。

視覚が身体運動制御に果たす重要な役割について体系的な理論を提示した最初の研究者としてはアメリカの知覚心理学者、ジェームス・ギブソン（J.J. Gibson）の名を挙げるのが妥当であろう。彼は自身の数々の実験や観察の結果に基づき、われわれヒトが周囲の環境についての知覚を成立させ、適応的な行動を遂行するために、どのような視覚情報を利用しているのかについての理論（生態学的視覚論）（Gibson 1979）を提唱した。

彼の理論においては、観察者を取り巻く環境中の光の配列（包囲光配列 ambient optic array）から、環境と観

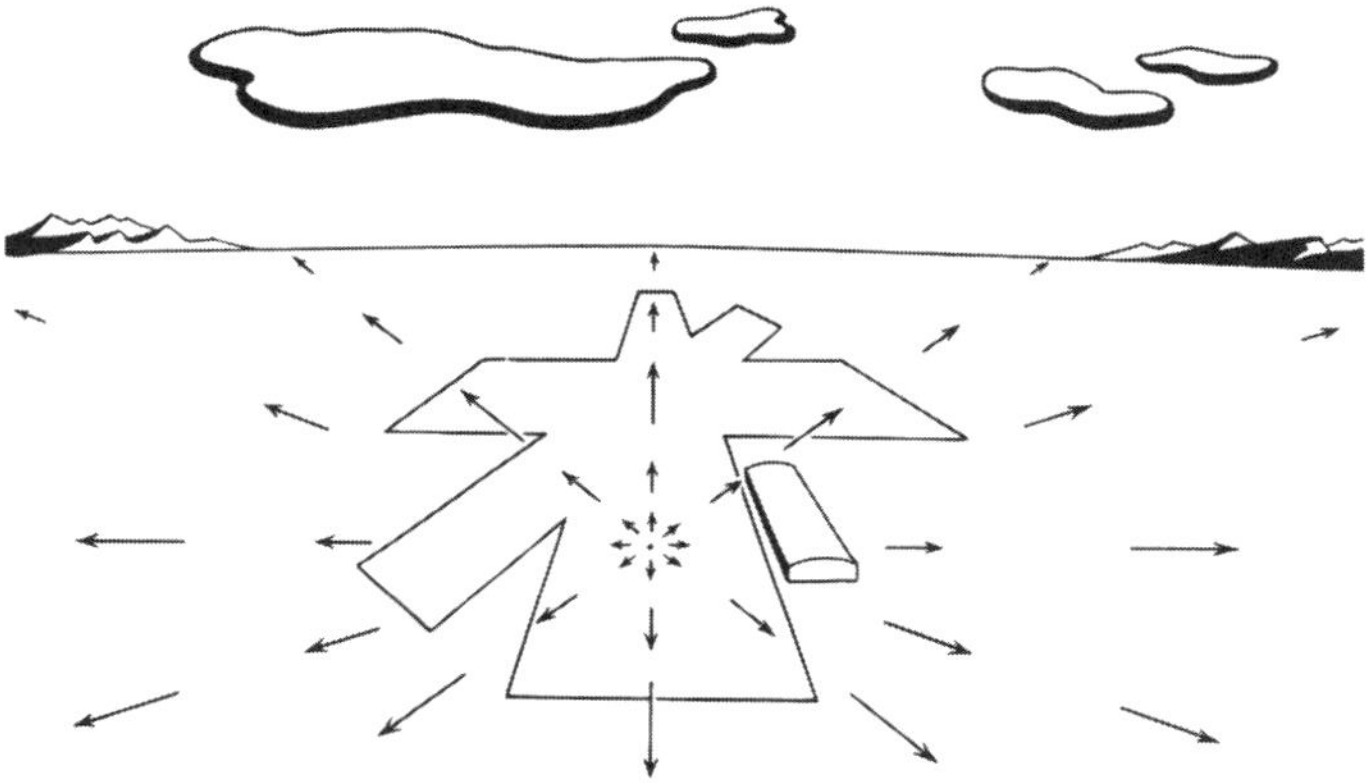

（出所） Gibson（1950）より転載。

図１　放射状の光学的流動の模式図

察者自身との関係を通して抽出される「不変項（invariance）」と呼ばれる情報に基づいて環境世界を知覚することが、ヒトのさまざまな適応的行為の根幹をなす心的過程であるとされる。

一般的に、包囲光配列は完全に静止した状態で観察されることはほとんど無く、環境と観察者（の眼球）との相対的関係によって絶えず変化する。これは主に観察者自身の身体や眼が環境に対して静止した状況が続くことがまれであることによる（実際に自分が考えている以上にわれわれの身体は絶えず動き回っている。また、われわれの眼球も覚醒時にはほとんど静止することはなく、絶えず大小の眼球運動を繰り返しながら視界を走査している）。そうした身体的な運動に伴って生じる包囲光配列のダイナミックな変化を光学的流動（optic flow）といい、この光学的流動からは観察者自身の身体運動と環境との間の関係性について、さまざまな不変項が抽出される。

一般的にわれわれが環境中を移動すると、状況に応じていくつかの典型的な光学的流動が観察される。たとえば、もしわれわれが前方を向いたまま前進すれば、目に映る景色全体が視野上のある一点を中心にして放射状の軌道にそって拡がっていく（図１）。ここで重要なのは、任意の瞬間において、その放射状の光学的流動の中心点とわれわれの進行方向が常に一致するという点である。したがって、視野上の放射状の光学的流動の中心点を「不変項」として検出すれば、われわれは自分自身が環境中のどこへ向かって移動しているのかをリアルタイムに知覚することができる。また、身体運動を通して視野上における拡大運動の中心点の位置を制御することによって、自分自身の移動方向を制御することもできるのである。

ギブソンによって体系化された光学的流動の概念は、われわれの身体運動制御に、視覚が重要な役割を果たすこと（あるいは身体運動制御と視知覚、それぞれの心的過程が分かち難く結びついていること）を明示的に述べた点で重要なものであるといえよう。

†　視覚－運動協調の発達

ギブソンと同時代の多くの発達心理学者たちも、視覚をはじめとする諸感覚が身体運動制御に果たす役割について、特に乳児期のさまざまな身体運動発達をつぶさに観察することによって議論してきた。

たとえば、発達心理学の祖、ジャン・ピアジェ（J. Piaget）は、生まれたばかりの乳児は自他の境界を認識することは無いが、生後初期のごく限られた種類の反射行動によって外界からの物理的刺激を自分自身に定位することを繰り返し、視覚をはじめとしたさまざまな感覚経験を得ると考えた。そうした経験を通して、自身の身体性を知覚することができるようになり、その結果として（あるいはそれの裏返しとして）周囲の環境をも知覚可能になるとした。こうした考えは、原始的で自動的な身体運動を出発点に、それに伴う諸感覚の変化を経験することによってさまざまな認識や行為が分化していくとするものであり、われわれの感覚－運動間の協調機能が身体運動の経験に導かれて生じるものであることを示唆するものであるといえよう。ピアジェの考え方は、まず、さまざまな身体運動が諸感覚の機能に先立って発達し、その遂行によってもたらされる感覚経験によって、諸感覚

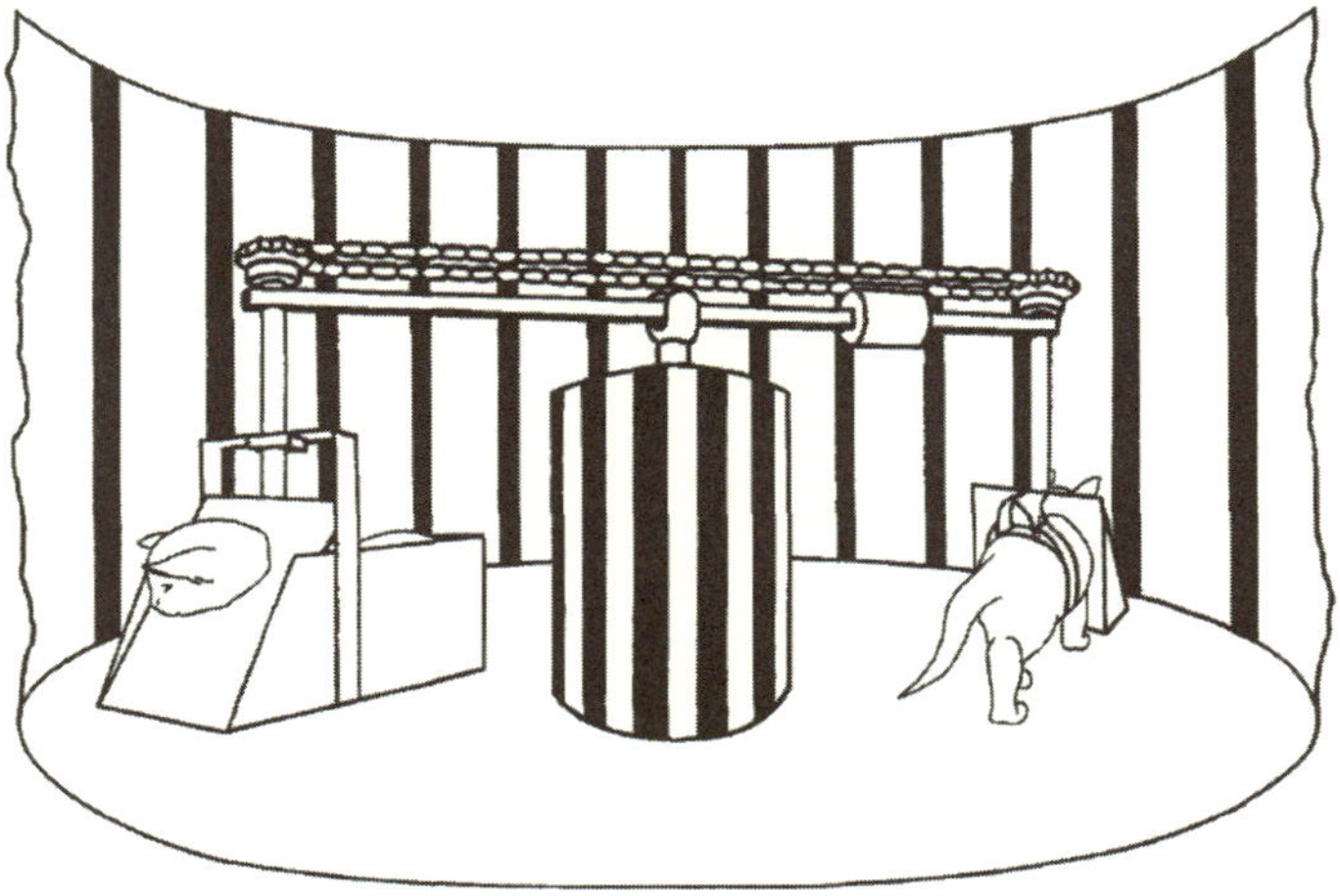

（出所） Held & Hein（1963）より転載。

図２　ヘルドとハインの実験装置の模式図

間の連合や、さらにはそれらの諸感覚からの情報を身体運動制御へフィードバックして利用することが可能になるとするものであるといえる。

このような、いわば「身体運動経験が感覚機能の発達を導く」という発達の図式は、多くの実証的な研究によって支持されている。ヘルドとハイン（Held & Hein 1963）による子ネコを被験体とした実験は、視覚 - 運動間の協調機能の発達が、自発的な身体運動の経験を通して成熟していく様子を衝撃的な形で示したものであるといえよう。実験は、生まれてからしばらくの間（二 - 十二週ほど）完全な暗闇のなかで育てられた子ネコ、二匹を一組にして行なわれた。実験の際、各組のネコたちは明るい照明下の実験用のケージ内に配置され、そこで生まれて初めて光に照明された環境を経験することになる。ケージの内部には特別な装置（図２）があり、ネコたちはその装置を介して互いに身体をつながれるのだが、実はこの装置には特別な仕掛けがしてある。二匹のネコのうち一方はケージ内を自分の脚で（多少の制約はあるが比較的）自由に移動することができるが、もう一方は頭を除く身体全体をゴンドラですっぽりと覆わ

（出所）　J.G.ブレムナー（J. Gavin Bremner）『乳児の発達』渡部雅之訳（ミネルヴァ書房, 1999年）より転載。

図3　「視覚的断崖」装置の模式図

れてしまい、自分で自由に動き回ることができないようになっているのである。ここで重要なのは、自分で動くことのできないネコが乗ったゴンドラは、もう一方の自由に動き回ることのできるネコの移動行動の軌跡を、ほぼそのままトレースするようになっていることである。これによって、ゴンドラに乗ったネコも、自由に動けるネコが経験するのとほぼ等しい動的な視覚刺激（光学的流動）を得ることが可能であった。すなわち、二匹のネコにとって、経験する光学的流動は互いにまったく等しいのに、それが自発的な身体運動に伴って生じたものか否かが決定的に異なる、という状況が実験的に作り出されたのである。

ネコたちは、一日に三時間だけ、こうした装置につながれて明るい環境で視覚経験を積み、それ以外はまた完全な暗所で生活するということを数日から数週間経験した。そしてその後に、視覚的断崖と呼ばれる装置（図3）の上で、それぞれのネコがどのような行動を生じるのかが調べられた。視覚的断崖とは、天板がガラス張りになったテーブルのような装置で、天板の半分はガラスがそのままになっていて上にのると床が透けて見えるが、もう半分には不透明なテクスチャーが施されていて下が見えないようになっている。もともとはヒトの乳児の奥行き知覚を調べるために開発された装置で、こうした装置の上にヒトの乳児をのせると、生後六か月の乳児でも天板の透けた部分から奥行きを知覚し、その部分を移動することを避け、不透明な天板の上を移動することが知られている（Gibson & Walk 1961）。そして、こうした装置に前述のネコたちをのせると非常に興味深い行動が観察された。明るい環境で自由に動くことができたネコは、下が透けて見える部分を渡らずに不透明な天板部分を移動することを選択した。これは下が透けて見える、すなわち転落の可能性がある移動経路を回避する、という点できわめて適応的な行為であるといえる。しかしながら、明るい環境下で自発的な身体運動とそれに伴う視覚経験を得る機会のなかったネコは、下が透けて見える天板の上も、そうでない天板の上と同じように渡ってしまう傾向が強かったのである。

こうした結果は、発達初期に能動的に身体運動を制御する経験をすること、そして、それに随伴して生じるダイナミックな視覚情報の変化を経験すること、の二つの経験が揃うことが、視覚－運動間の協調機能の正常な発達に必要であることを示唆する。すなわち、ヘルドとハインの実験によって、初期発達の過程で能動的な身体運動の経験を得ることが、さまざまな視覚情報による環境の知覚や、さらにはそれらに基づいた身体運動の制御能力の成熟に結びつくことが示されたのである。

3　ヒト乳児における視覚－運動協調の発達とその実証的検討

†　移動行動の成熟に伴う視覚的な環境知覚の発達

身体運動経験が視覚－運動協調の発達を促すという発達的傾向は、ヒトの乳児においても実験的に確認されている。たとえば前出のジェームス・ギブソンの妻であり、自身も高名な知覚、発達心理学者であったエレノア・ギブソン（E.J. Gibson）らのグループによる研究から、ヒトにおいても発達初期の自発的な身体運動の経験が、視覚情報による環境知覚や、それと関連した身体運動制御の発達を促すことが報告されている。彼女ら（Gibson, Riccio, Schmuckler, Stoffregen, Rosenberg, & Taormina 1987）は、ハイハイによる移動ができる乳幼児（ハイハイ群、生後八－十四か月）と、歩行による移動ができる乳幼児（歩行群、十－二十一か月）を対象に、視覚的に知覚される床面の「剛体性（rigidity）」が、それぞれの乳幼児群の移動行動にどのような影響を与えるかを調べた。

実験では、乳幼児が実験用の「舞台」の端にのせられ、舞台のもう一方の端に保護者が立った。このとき、乳幼児が舞台を横切って保護者のもとへ移動する際の行動が観察されたのだが、舞台の床の特性について二つの実験条件が設けられた。一つは舞台の床が硬い木製の合板でできており、その上に布地をかぶせた条件（剛体面条件）、もう一つは舞台の床がウォーターベッドでできており、その上に前述の条件と同じ布地がかぶせられた条件（非剛体面条件）であった。このとき後者の条件では、ウォーターベッドの下に隠れた実験者がベッドを小刻みに揺らしていたので、床面に波状の動きが生じていた。われわれ成人がそのような二つの床面を見るならば、前者からは、固くて安定した、いかにも安全そうな歩行面が知覚されるに違いない。一方後者は、足をのせるのもためらわれるような、ぐにゃぐにゃと柔らかく波打った不安定な面として知覚されるだろう。

はたして乳幼児たちは、そのような二つの面を視覚的に提示されたときに、どのような移動行動をとったのであろうか。実験の結果、ハイハイ群の乳児は、剛体面条件でも非剛体面条件でも、床面が提示されてからそれほど間を空けずに、移動行動を始めることが分かった。一方で歩行群の乳幼児は、非剛体面が提示されたときは、剛体面が提示されたときに比べてより長い時間をかけて床面を観察してから、（剛体面条件では問題なく二足歩行ができたにもかかわらず）非剛体面をハイハイして移動した。こうした結果は、より熟達した移動様式をもつ乳幼児ほど、移動行動を開始する前に時間をかけて視覚によって歩行面を観察し、そこから知覚される歩行面の物性に合わせて最適な行動を選択することを示す。

また、ギブソンらの別の研究（Adolph, Eppler, & Gibson 1993）では、生後八か月半の乳児と、生後十四か月の幼児が、斜面を下っていく際の移動行動の様子が詳細に観察された（図４）。生後八か月半児はハイハイによって、

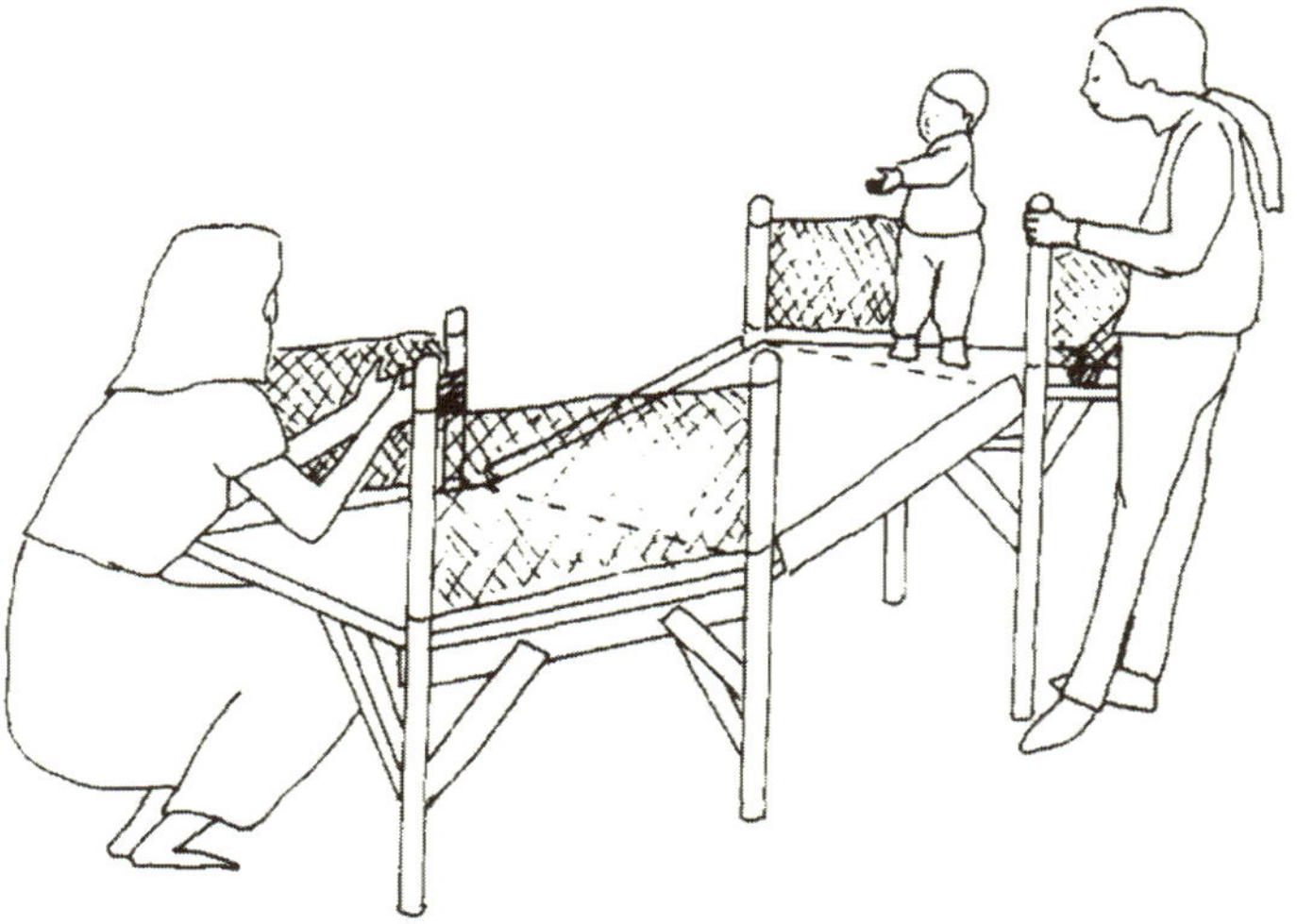

（出所） Adolph et al.（1993）より転載。

図４ アドルフらの実験風景の模式図

生後十四か月児は歩行によって、それぞれ自発的に移動することが可能であった。実験ではそれらの乳幼児が、十度、二十度、三十度、四十度の計四種類の傾斜を下る際に、どのように対処するかが観察されたのである。その結果、歩行可能な十四か月児は、より急な坂を下る前には時間をかけて坂を観察したり、その結果後ろ向きの姿勢をとって足から慎重に坂を下ったりする傾向が強かった。一方、生後八か月半の乳児には、坂の斜度に関係なく、頭から坂を降ろうとする傾向が多く観察された。これは前出の、床面の剛体性知覚と移動行動の発達についての研究で認められた発達的傾向と非常によく一致する。すなわち、より高度な移動様式をもち、移動行動の経験も豊富だと思われる歩行群の乳幼児は、実際に移動行動を遂行する前に視覚情報に基づいて周囲の環境の特性を知覚し、その結果からどのような行動をとるべきかを適応的に選択できたと考えられる。一方で、ハイハイ群の乳幼児にとっては、視知覚によって環境情報を的確に取得し、自身の移動行動の遂行過程に上手く適用することは非常に困

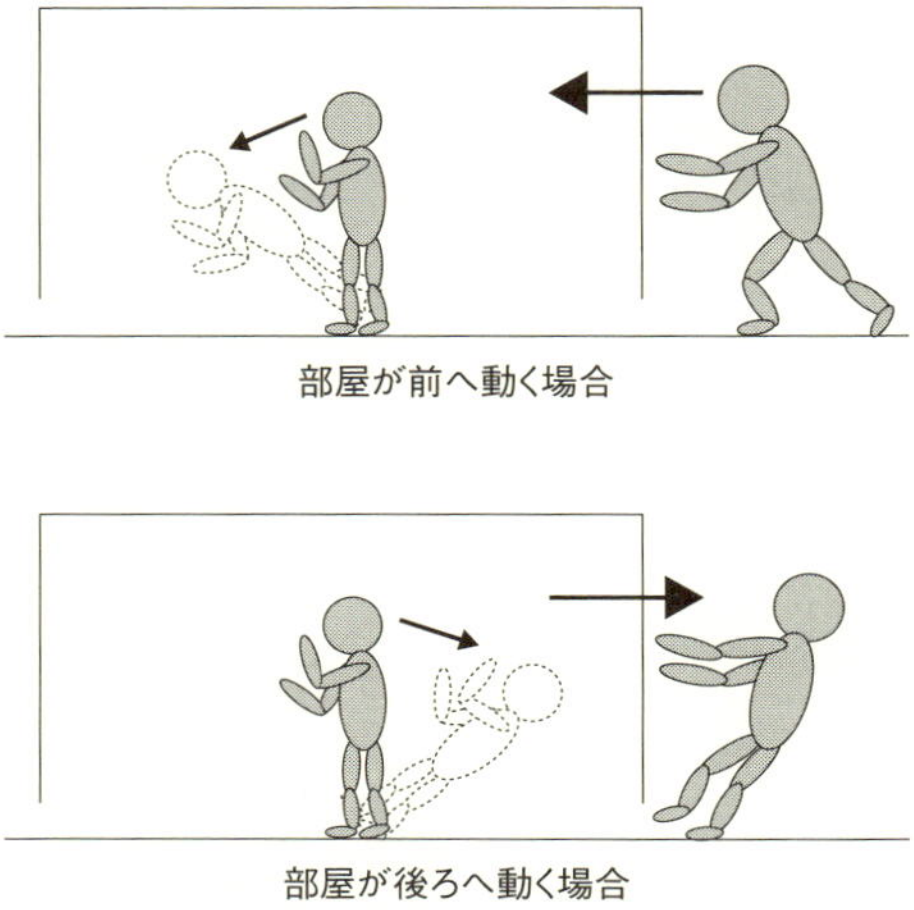

図５　「動く部屋」実験の模式図（著者作成）

難な課題であったのだろう。

† 視覚性姿勢制御と移動経験

さらに、他の種類の身体運動制御の場面においても、発達初期における移動行動の経験の有無が、当該の身体運動制御機能と視知覚との関係性を強化する可能性が報告されている。一般的に、ある程度成長した子どもや成人は、上体を垂直に起こして直立した姿勢を維持することができる。そして、このような直立した姿勢の維持、制御には視知覚、特に光学的流動の知覚が大きく貢献している。こうした事実は「動く部屋（moving room）」と呼ばれる装置を用いた実験状況下で顕著になる（図5）。実験では、床面のない大きな可動式の部屋のなかに観察者を立たせて（あるいは上体が垂直になるように座らせて）、部屋全体を前後に揺らすのである。そうすると、部屋の内部にいる観察者の身体は、部屋の揺れと同方向に揺れ始める。こうした傾向は、二本の脚で自立可能になったばかりの一歳児（Lee & Aronson 1974）はもちろん、ほとんどの乳児がお座りできるようになる生後九か月頃（Bertenthal & Bai 1989）においても観察される。

なぜ、周囲の部屋が動くと、それにつられて観察者の身体が動いてしまうのだろうか。これは周囲の部屋の運動によって観察者の視野上に大域的な光学的流動が生じ、その結果として観察者自身の身体の動きが錯覚されることによる。たとえば、観察者の周囲の部屋が前方（あるいは後方）に動いたとしよう。このとき、観察者の前方にある部屋の壁は観察者から遠ざかっていき（あるいは観察者の方へ接近してきて）、側方にある壁は観察者から見て前方（あるいは後方）へ向かって動いていく。こうした状況で、観察者の視野上に典型的に生じるのは、放射状の軌道にそって縮小（あるいは拡大）していくような光学的流動である。一般的に放射状に縮小する光学的流動からは、観察者自身の身体が後方へ動いている、または倒れ込んでいる状況が知覚される。反対に、拡大する光学的流動からは、観察者自身の前進や、身体の前方への倒れこみが知覚される。そのため観察者は、部屋の動きによって生じた拡大・縮小する光学的流動に「だまされて」自身の身体の運動を錯覚し、それを補償しようと試みた結果、上体が部屋の動きと同期して動いてしまうことになる。

こうした光学的流動によって生じる身体動揺は、移動行動の経験によってより強くなっていくことが報告されている。ヒギンズら（Higgins, Campos, & Kermoian 1996）は、ハイハイによる移動が可能な乳児（ハイハイ移動群）、ハイハイはできないが歩行器を使って移動することができる乳児（歩行器移動群）、ハイハイも歩行器による移動も経験したことのない乳児（移動未経験群）を対象にして動く部屋の実験を実施した。実験に参加した乳児の月齢は、いずれの群においてもおよそ八か月半に揃えられた。一般的に光学的流動による身体動揺は、視野の周辺部に投影される動きのパターンが重要な役割を果たす。すなわち周辺視野で強い光学的流動が生じるほど身体動揺が起こりやすいのだ。こうした傾向を調べるために、部屋の側壁部分だけが揺れる状況を作り出し、各群の乳児に提示した。その結果、ハイハイ移動群と歩行器移動群の乳児は側壁の揺れと強く同期した身体動揺を示したのに対して、移動未経験群の乳児は側壁の揺れに対応した身体動揺がほとんど生じなかった。つまり、移動行動を経験したことがあるか否かによって、視覚的な情報を姿勢制御に利用できるかどうかが大きく変化することが明らかになったのである。

4　視覚－運動協調の発達研究の展望

† 移動行動に先立って生じる光学的流動知覚

ここまでに述べたように、多くの研究によって、移動行動に代表される能動的な身体運動の経験が、発達初期における視覚による環境知覚や、そうした知覚に基づく身体運動制御の能力の発達を促進する可能性が示されている。その一方で、移動行動などの身体運動が発達するよりもはるかに早い段階から、ヒトの乳児はそうした身体運動の制御と関連の深い、さまざまな視覚機能をもっていることが知られている。たとえば、移動行動の制御に重要な役割を果たす光学的流動の知覚については、生後三か月前後で基本的な知覚特性が急激に発達することが数多くの実験から報告されている（詳細については Shirai & Yamaguchi（2010）による解説を参照のこと）。

こうした事実は、移動行動の経験が初期発達における光学的流動知覚の発達を促し、その結果、われわれは光学的流動による自己運動の知覚や、それに基づく移動行動の制御が可能になる、といった単純な発達図式を採択することが難しいことを意味する。では、こうした状況にはどのような発達のメカニズムを想定するべきだろうか。私たちの最近の研究からは、むしろ光学的流動の知覚が発達することによって身体運動の発達が促される、というような発達過程の存在が示唆されている。

実験では、乳児にさまざまな光学的流動の映像を見せてそれらに対してどのような反応が生じるかを検討した。その結果、移動行動が獲得される直前に光学的流動に対する反応が大きく変化することが明らかになった。具体的には、ずりばいやハイハイが可能になる一か月ほど前から、乳児は放射状に縮小する光学的流動（後退に対応する視覚情報）を避けるようになり、放射状に拡大する光学的流動（前進に対応する視覚情報）を（相対的に）

よりよく観察するようになった（Shirai & Imura, submitted）。ヒトでは、前方への移動が一般的な移動様式であり、その制御には、そうした状況に対応した光学的流動（放射状の拡大）の知覚が非常に重要な役割を果たす。移動行動の獲得の直前に、拡大する光学的流動に対する注意が相対的に上昇するという事実は、光学的流動知覚の発達的変化が、移動行動の獲得に大きな影響を与えている可能性を示す。

5　結びに

移動行動などの身体運動の発達と、光学的流動のような視覚機能の発達との間にどのような相互作用があるのか、現状では両者の発達過程が、分かちがたい複雑な相互作用のもとに成り立っているのだ、ということがぼんやりと示唆されるのみである。こうした発達過程について理解するためには、今後も多くの実証的、理論的検討を継続していく必要があるだろう。特に、身体運動経験を通して諸感覚の発達やそれらの間の連合が形成されていくとする、伝統的な発達観とは異なる視点からも研究を進めていくことが重要であろう。すなわちさまざまな感覚、知覚の成熟を通して身体運動経験が導かれる場合もあり、その結果として諸感覚間の連合が促進され、感覚－運動間の協応機能がより洗練されたものとなっていく可能性についても検討していく必要があると考えられる。

引用文献

Adolph, K.E., Eppler, M.A., & Gibson, E.J, "Crawling versus walking infants' perception of affordances for locomotion over sloping surfaces," *Child Development*, 64, 1993, pp.1158–1174.

Bertenthal, B.I., & Bai, D.L., "Infants' sensitivity to optic flow for controlling posture," *Developmental Psychology*, 25, 1989,pp. 936–945.

Gibson, E.J. & Walk, R.D., "The 'visual cliff'," *Scientific American*, 202, 1960, pp.64–71.

Gibson, E.J., Riccio, G., Schmuckler, M.A., Stoffregen, T.A., Rosenberg, D., & Taormina, J., "Detection of the traversability of surfaces by crawling and walking infants," *Journal of Experimental Psychology : Human Perception and Performance*, 13, 1987, pp.533–44.

Gibson, J. J., *The ecological approach to visual perception*. Boston : Houghton-Mifflin, 1979.（『生態学的視覚論――ヒトの知覚世界を探る』古崎敬・古崎愛子・辻敬一郎・村瀬旻訳、サイエンス社、一九八五年）。

Higgins, C. I., Campos, J. J., & Kermoian, R., "Effect of selfproduced locomotion on infant postural compensation to optic flow," *Developmental Psychology*, 32, 1996, pp.836–841.

Held, R. & Hein, A., "Movement-produced stimulation in the development of visually guided behavior," *Journal of Comparative Physiological Psychology*, 56, 1963, pp.872–876. Lee, D. N., & Aronson, E., "Visual proprioceptive control of standing in human infants," *Perception & Psychophysics*, 15, 1974, pp.529–532.

Piaget, J., "Piaget's theory," Musen, P.H., ed., *Carmichael's manual of child psychology*（3rd ed.）, Vol. 1, New York, John Wiley & Sons, 1970.（『ピアジェに学ぶ認知発達の科学』中垣啓訳、北大路書房、二〇〇七年）。

Shirai, N., & Imura, T., "Looking away to go: Changes in optic flow perception precede locomotor development", Submitted.

Shirai, N., & Yamaguchi, M.K., "How do infants utilize radial optic flow for their motor actions? : A review of behavioral and neural studies," *Japanese Psychological Research*, 52, 2010, pp.78–90.

第四章　感応と測定

——パラドクサ・メンスラエ——

井山弘幸

感応と言うと精神的なものを、測定と聞けば物質的なものをたいていは想像する。感応は外部に対する精神の反応を、測定は外界に関する物質的な痕跡を示すものであり、確実性においては、非科学的な前者に対して、科学的な後者が優ると考えられている。だがそうとも言えまい、ということを論じてみよう。

1　科学とテレパシー

† ベルクソンによる「具体的なもの」の重視

感応のなかでも主観性が強く、その信憑性について疑義が呈される「精神感応《テレパシー》」を例にとって感応に対する学問的な批判の特徴をみてゆくことにしよう。ベルクソンは一九一三年五月の講演で、精神感応についての、ある医師の話を紹介している。

あなたがた［心霊学会の参加者］が言われることは、みな私にはたいへん興味がある。しかし私はあなたがたが結論を引き出す前に反省されることを要求する。私もまた異常な事実を知っている。そしてその事実が本当であることを、私は保証する。というのはそれを私に話したのは大変聡明な婦人で、彼女の言葉は私が絶対に信頼できるものだからだ。この婦人の夫は士官だった。彼はある戦闘で死んだ。ところがちょうど夫が倒れたときに、妻がその光景の幻を見た。それはあらゆる点が現実に合致する正確な幻だった。あなたがたはおそらくそこから、その妻自身が結論したのと同じように、透視やテレパシーなどがあったと結論なさるだろう。その場合ただ一つのことが忘れられている。すなわち、多くの妻は自分の夫が全く元気であるのに、死んだり死にかけたりする夢を見ることがあるということだ。正しい幻だった場合だけが注意されて、他の場合のことは考慮されない。表を作って見たら、その一致が偶然のなせる業であることがわかるだろう(1)。

婦人の見た幻影は精神の領域で起きた現象であり、夫の死は遠方の戦場における物質領域の現象であり、遠く離れた両者の間に感応を生じたことになる。死の状況の委細《ディテール》と婦人の幻影の細部《ディテール》はかなりの一致をみたことから、「正確な幻」であったことは事実だが、それはあくまでも「偶然の一致」でしかなく、その事実からテレパシーの実在を裏づけることはできない、と医師は主張している。この医師のテレパシー批判に対して、会場にいたある若い女性が「どこが違っているのか分からないが、［医師の意見は］間違っている」と発言し、ベルクソンは彼女が正しいと断じている。医師の間違いは方法論的なもので、ベルクソンに言わせると「具体的なものに目をつぶった」ためであり、数学や統計の基準を本来用いるべきでない領域にもちこんだことによる。テレパシーすなわち精神感応は、再現性と統計的裏づけを重視する近代科学の方法論にはなじまないと彼は考えているようで、心霊研究への批判を次のように総括している。

もしその事実「テレパシー」が現実のものであれば、確実に法則に従うはずだから、自然科学で用いる観察や実験の方法によるべきだと考え、それを歴史のように、あるいは裁判のように扱うことを奇異に感じています。事実が実験室でつくり出せるように示されていれば、彼らは喜んでそれを受けいれるでしょう。それまではその事実を疑わしいものと思うのです。「心霊研究」が物理学や化学のような方法をとれないことから、心霊研究は科学的でないと結論されます[2]。

自然科学の方法とは異なる、伝統的な学問方法として、ベルクソンは「具体的なものを重視する、歴史や裁判の方法」を対置させる。一言でいえば、自然科学の「再現性のある法則を重視する」方法に対して、「一回かぎりの事実を裏づける文献や証言を重視する」方法のことだろう（自然科学と言っても、博物学や宇宙誌のように後者に親近性のある分野もあるので、物理・化学を想定しているのだろう）。歴史や裁判の方法とはどのようなものか。先のテレパシーの例では、婦人の幻影を聞き取り調査し、夫の死を現場検証することである。これは、幻影一般とそれらが事実と符号する頻度を調べる方法とは明らかに異なっている。

†「具体的なもの」の実例

いくつか例を挙げて考えよう。たとえば『続日本書紀』に奈良時代の景雲三年（七六九年）、巫蠱《ふこ》の術で県犬飼の子女が罪に問われて流罪になったという記録がある。巫蠱とは呪いの術式の一つであるから、この事実性は物証（藁人形や呪文）や証言（呪詛の現場の目撃）の記録によって裏づけられる。これが歴史や裁判の方法である。だが巫蠱の実践とその効果（呪われた者の死）との相関を調べるならば、先ほどの医師の言うように偶然の一致くらいの結果しか出てこないだろう。因果性は証明できないのである。したがって科学的に言うと「巫蠱という実効性のない術を使ったこと、即ち無実の行為を罪条とされ、流罪になった」ことになる。時代ドラマでよくあるように敵方の陰謀だった可能性もある。もっと有名な事例では、『平家物語』にある義経の「鵯越のさか落し」や壇の浦の「八艘飛び」がある。九郎判官の面目躍如たる快挙を裏づける方法は、歴史的には文献考証以外に考えられないけれど、科学的には、再現性のある復元実験を行なうことになるだろう。実際に行なわれたかどうかは、寡聞にして知らないが、どちらも怪我人が出ることが予想されるし、おそらく無理だろう。再現性を重んじる科学では「さか落し」も「八艘飛び」も作り話となる。

　話は少々それるが、通販番組でグルコサミンとかラクトフェノンなどの健康食品の効能を宣伝するスタイルは、基本的にタレントを含む成功者の体験談である。「これはあくまでも個人の感想です」という但し書きをつけることはあっても、利用者のうち効果のあった顧客の割合（成功確率）を明示するＣＭは皆無である。ということは、健康食品の販売戦略はベルクソンの言う「具体的なものを重んじる」流儀にしたがっていることになる。

「奇蹟の温泉」と銘打った書籍[3]があるが、読んでみると、どの温泉にも奇蹟的な治癒を喜び伝える湯治者がいて、「具体的な記述」が添えられている一方で、湯治経験者の治癒率を計上している温泉は一つとして存在しない。まあ、例外はないでもない。奇蹟の治癒で有名な「ルルドの泉」には珍しくローマ法王庁の奇蹟認定の記録があって、古い記録だけれど一九九〇年の時点で六十九例となっている。毎年推定三百万人の患者がこの泉に浸かっていることを考えると、治癒率は限りなくゼロに近い。それでも多発性硬化症のような難病の快癒がこの六十九例に含まれているため、「具体的な記述」によってその効能が信じられているのである。

† 小林秀雄の批判

閑話休題。テレパシー現象に自然科学の方法を適用することに異議を唱えたのは、ベルクソンだけではない。小林秀雄はベルクソンの先の講演部分を引用した上で、次のように述べている。

なるほど科学は経験というものを尊重している。しかし経験科学と言う場合の経験と言うものは、科学者の経験であって、私達の経験ではない。日常尋常な経験が科学的経験に置きかえられたのは、この三百年来のことなので、いろいろな可能な方向に伸ばすことができる、私達が、生活の上で行なっている広大な領域を、合理的経験だけに絞った。観察や実験の方法をとり上げ、これを計量というただ一つの点に集中させた、そういう狭い道を一と筋に行なったがために、近代科学は非常な発達を実現出来た。近代科学はどの部門でも、つまるところ、その理想として数学を目指している。

人の心の定めなさは誰も感じている。人間精神の動きの微妙さは計量計算には到底ゆだねられない。そこに精神的なものの本質があると言っても、常識にそむくまい。そこで近代科学の最初の動きは精神現象を、これと同等で、計量出来る現象に置きかえられないかという探求だったのです。(4)

テレパシー体験においては、小林は「経験」の質が違っていると考える。「科学者の経験」と「私達の経験」という二つの異質な経験があって、前者の無名で客観的な経験によって、精神現象を解明すべきではない。後者の私的で主観的な経験として探求すべきである、という意見である。経験はラテン語で experientia だが、実験を表わす experimentum と元は同じ意味であった。十七世紀の科学論文ではまだ両者の混用がみられる。小林が指摘するようにたかだか三百年の間に、「反復可能な実験」と「一回かぎりの個人的経験」との二つの意義に分裂したのである。

† 計量とテレパシー

近代科学を特徴づけるもう一つの概念が「計量」である。科学的方法では、理論的存在を仮定し、その存在の量規定を行なった上で測定方法を探究する。測定が可能なものは、計量化され、再現性が高く規則正しいものは、自然法則として数学的に記述される。ベルクソンも小林も、この方法は精神現象に相応しくないと批判をしているのだが、実際の研究史を繙くと、テレパシーは超心理学という名のもと計量科学への道を歩んでしまう。その成否については問題があるにしても、である。

小林秀雄が先の文章を書いた頃、モスクワではテレパシーの科学的な研究が行なわれている。ハリコフ在住のアナトリー・ミハイロヴィチ・ルウチという自称超能力者が研究所を訪れ次のような実験を行なった。

> ルウチは、やっと「気分が乗ってきた」と言って、つぎのような実験を提案した。彼は大きな品物五個を選び、部屋のなかを歩きまわりながら両手をのばして品物を持ったり、あるいは品物を顔に近づけてくれ、と送り手に頼んだ。私は、送り手と同じ部屋にいて、テレパシー信号を送る順序を彼に口で伝えた。ルウチは薄い壁で隔てられた隣の部屋に陣取っていた。
>
> 今回の実験は成功した。その適中率はまことに驚くべきものがあった。三〇個のテレパシー伝達のうちルウチは二五個をみごとに当てた。偶然の一致ということはもちろんありえない。(5)

この実験についての論評は控えることにしよう。もとより成功率など測定しても意味がないからである。先ほどの亡夫の幻影を見た婦人は、三十回どころか一回たりとも、ふだんはこの種の幻影を見ていないだろう。繰り返し言うけれど、ベルクソンと小林が強調するのはその一回性なのであって、統計的合理性ではない。さらに留意すべきはルウチの実験内容である。遠隔視によって透視する品物が仮にルウチの超感覚的知覚によって捉えられたとしても、その事実には何ら感動すべき要素が含まれていない。壁を隔てて悪く言えば「盗み見ること」に行動価値を見出すとするならば、それは諜報活動とか興信所の探偵行為くらいなものだろう。それだとしても品物が何かといった漠然としたものでなく、文書内容とか暗証番号といった機密情報を透視できてはじめて認められるのである（アメリカの霊媒師M・ラマー・キーンは、霊能者たちがその自慢の能力を使わず、実際は探偵を派遣してクライアントの身辺調査をしていたことを暴露してしまった）[6]。

現実の科学研究においては、自然法則は単に現象的な規則性の段階にとどまっていたのでは、いずれは見向きもされなくなってしまう。マーフィーの法則が正しかったとしても、せいぜいトーストを落とさないように気をつけるための教訓として機能する程度だ[7]。だが有用な法則は自然の制御につながり、優れたものは予見性を示すだろう。したがってルウチを実験室に缶詰にしてどれだけ研究しようと、経験科学の世界では社会的に評価されることはないのである。超心理学はベルクソンの貴重な警告を無視して道を誤ったと言える。

2　予知・予言の方法論

感応が外部に対する精神の反応だとすると、共時的な遠隔知覚だけでなく、通時的な未来予測も考えられることになる。いわゆる予知・予言の世界である。天理教の開祖中山ミキのように、天の将軍からの託宣を感応し、独特の筆回しである「お筆さき」によって明治維新や日露戦争を予言した場合も、ジーン・ディクスンが水晶玉の前でジョン・F・ケネディーの暗殺を予知できたのも[8]、いずれも感応の領域に含まれる。予言者とまで言わずとも誰しも「虫の知らせ」とか「予知夢」を体験したことはあるだろう。予知の信憑性について調べてみると、ベルクソンの語った二つの方法論が見事なほどに、科学的予測と霊的予言を分断することが分かる。この予知・予言はどのような方法論であつかうべきかを考えてみよう。

† 終末予言

まず社会的有用性という観点からすると、二〇一二年にイタリアで予測を違えて罪を問われた地震学者などよりも、はるかに責任の重い予言がある。終末予言である。超能力者のトリックを見破ることに血道を上げているジェームズ・ランディは終末予言のリストを年代順に作成した(9)。全部を挙げると四十九件もあるのでおもだったものを紹介しよう。

もっとも初期の終末予言は『マタイ福音書』(十六章二十八)にある、最後の使徒の死の直前に終末が来るというものであった。これは余りにも近すぎて信用する者も少なく、キリスト教がローマ帝国の国教になる前の苦難の時代のものであったこともあり話題にもならなかった。史上もっとも人心を惑わせたものは、『ヨハネ黙示録』に記された千年王国の予言である。イエスの誕生後一千年経ったときに終末が到来し、「最後の審判」が人間に下されるというわけだ。実際、紀元後九九九年十二月三十一日は何ごともなかった。最初に現われた精確な日付の終末予言は、トレドの占星術師ヨハネスによるものである。彼は一一八六年九月二十三日のグリニッジ天文時午後四時十五分にこの世の終焉がやってくる、という小冊子をその年に配布した(予言の根拠は聖書によるものではなく占星術にあった。当時知られていた恒星の太陽と衛星の月を含む七つの惑星がすべて天秤座に集まるためであった。時のカンタベリー大司教がその日は終日贖罪の祈りを捧げたという事実はあったものの、もちろん何も起きてはいない)。一七一九年五月十九日こそ最後の日であると予言したものもいる。今度は数学者のベルヌーイであった。一六八〇年に接近した彗星が再び地球を訪れ、今度は壊滅的な効果を及ぼすと考えたからである。[10]

直近の例では、ノストラダムスによる一九九九年七月の終末予言、そして昨年二〇一二年に地球が滅亡するというマヤ暦に基づく予言がある。細部の検討は省くけれども、要するに、どれも当たらなかったのである！ベルクソンが引用した婦人の幻視はたとえ一度であれ当たっていたのに対して、未来を感応する代表格の終末予言は一度として的中したことはないのである。当らなくて良かったとも言えるが、ヒット率を重視しないベルクソンの立場からすると、外れた予言はその「具体的な記述」と現代社会の実態との符合を細部にわたって検討してはじめてその意義を問えることになる。フェスティンガーの社会心理学的研究では、終末予言は外れることによって信徒の信頼をかち得る場合すらあるという。[11]

予言と区別される予測

他方、科学的予測となると的中率は当然評価基準になるし、統計的合理性を得るためにはかなりの試行回数が見込める予測に限られてくる。

だがこの試練に耐えうる分野は意外と少ない。天気予報ではせいぜい二、三日先までの予測が限度で、月間予測となると五〇％を割り込んでしまう。地震予測に至っては過去に効果的な直前予測を出したことはないし、いつ動くとも知れない活断層の判断でさえ、研究者間で意見が食い違うほどである。そもそも奈良時代に生じた断層が「活きている」という判断を、統計的に有意な実験的手法で裏づけることができるのかというと、答えはノーである。

統計学の試練に耐えうる分野もある。比較的安定した予測を提供できるのは物質科学である。原料物質から出発して、プラント内の物理化学的条件を与えてやれば、最終生成物を高い確率で予測できる。だからこそ採算がとれる。この分野の予測は当然すぎて「予測」であるとさえ感じられない。でも何とか一部の分野では、信頼できる予測が可能であり、もとは同じ prediction であっても、予言とは画然と区別される予測はたしかに存在する。

3　測定のパラドックス

少々話が込み入ってきたので整理しよう。感応を研究する場合、統計的な基準を用いるべきでないということは分かった。そして近代科学のもう一つの支柱である計量性も相応しくないことになる。だが計量あるいは測定の本性を追究してゆくと、どうしてもその根底に感応を考えなければならない。とどのつまり科学性の根拠となる客観的測定の奥底に素性のよく分からない感応が潜んでいることを示すことにしよう。このことを私は「測定のパラドックス」、パラドクサ・メンスラエと呼ぶ。

† 測定するということ

測定するとはどういうことか。たとえば体温を測るのに体温計を脇にはさむ。取り出して示度を見る。さてわれわれは何を見ているのか。そう、目盛りである。もっと正確に言うと単位目盛りの繰り返し、カウントが基本である。体重計もそうだし、時計も同じ。目盛りを読む、カウントをする。もう一つくらい例を挙げよう。ＩＱテストのような知能測定では被験者の得点によって、知能指数などを測定する。この得点も考えてみればカウントであることに変わりはない。自然科学におけるすべての測定は、実際、そのもっとも基本的な操作は（目盛りであれ、メーター、正解数であれ）カウントである。ぜひ自分で確認してもらいたい。ではカウントとは何か。

原始的な長さの測定を考えてみよう。ロビンソン・クルーソーはどのようにすれば島の周囲を測定できるだろうか。巻尺なんていう便利なものはないし、然るべき測量器具もない。おそらく歩幅を一定に保ちつつ島をぐるりと一周するだろう。実際、「四千万歩の男」伊能忠敬はこの方法で全国測量を行なった。さあ、歩きながら彼はどうするのか。心のなかで勘定をする。カウントは心のなかの現象である。精神の内部で起きる継時的現象である。あまりにも習慣化されていて気づきにくいことだけれど、冒頭で書いた「測定は外界に関する物質的な痕跡を示す」という特徴は、実際は正確ではなく、心のなかのカウント現象と物質的痕跡との間の感応によってなされるのだ。

†　計量と感応

次のステップに進もう。最初の体温測定の例にもどって、体温計の示度（カウント数）がCであったとき、あなたは目盛りにしたがって自分の体温を三六・六℃（T）と読む。なぜ長さの単位の繰り返し数を数えると、体温が分かるのか。直接測定しているCと、測ろうとしている量Tは厳密には食い違っている。もし根拠を示せというのであれば、T∝C、つまり「体温は体温計の目盛りに比例する」からだとでも言うしかない。さらに意地悪く追及してゆこう。体温が体温計の目盛りに比例する証拠は何か。現在使われている電子温度計は熱電位を利用しているので複雑だけれど、一昔前の水銀あるいはアルコール温度計だと分かりやすく説明できる。水銀やアルコールは熱によって膨張するからである。

だがこれは、計測可能性や反復可能性の基準をみたす、ベルクソンの言う近代科学的な知識ではない。なぜなら熱が加わったということを「経験」するのは、われわれの精神がその熱に感応するからである。測定の根拠となるカウント値と推定測定値との間の法則性は、つきつめると感応に帰着する。ベルクソンは「人間精神の動きの微妙さは計量計算には到底ゆだねられない」と語ったが、そもそも実験と観察に基づく計量科学の根底には、その微妙な動きをする感応が横たわっているのだ。

† 時間の測定

パラドクサ・メンスラエを裏づける例をもう一つ加えておこう。時間の測定である。時間も直接測定することは不可能である。ストリンドベリの戯曲『夢の劇』のなかでは、時間が人格化されて登場し、自ら舞うことで時の進行が表現されていたし、ミヒャエル・エンデの『モモ』ではゾウガメの鈍い動きに象徴されていたことを思い出す。このように時そのものは見ることができない。だが自然現象には反復性の高いものがいくつかある。天体の日周運動、潮の満ち引き、月齢、樹木の年輪、季節の循環。原初的な時間計測はこれらの反復回数のカウントからなっていたことは容易に想像がつく。

だがカウント値Cが時の経過量Tと比例することを言うためには、それぞれの反復が等間隔であることを証明しなければならない。昨日の日の出から日没が、今日の日の出から日没までの間隔と等しい（実際は等しくない）ことはどうやって調べるのか。

振り子時計で考えてみよう。十七世紀にホイヘンスが振り子時計を考案し、精密な時間計測の先駆けとなったが、この機械時計の原理は「振り子の等時性」を前提にしている。ピサの大聖堂でガリレオはその「等時性」を証明したことで知られる。時計を使わずにどうやって「等時性」を測定するのだろうか。ガリレオはじつに簡便な方法を採用した。ゆったりと揺曳する聖堂のランプの周期を、脈拍によって計量したのである。

現在われわれは血圧計などを使って脈拍数を測量するけれど、それとはまったく逆の操作になる。脈動はこれもまたわれわれの身体内の感覚によって確かめられる。内観的なカウント（脈拍）が外界の痕跡（ランプの揺れ）と感応してはじめて等時性の原則が確立するのである。

4　リモート・ヴューイング

テレパシーの話から始めたので、最後にもっとも遠方の測定、文字通りの意味でのリモート・ヴューイングを考えよう。天文学者のハッブルは宇宙が膨張している、何億光年先の銀河が急速に太陽系から遠ざかっていることを主張した。霊能力のないハッブルになぜそんなことが分かるのかと言うと、銀河からやってくる光の波長が本来の波長よりも長く（周波数が低く）なるからで、この現象は赤方偏移と呼ばれていた。膨張の事実はこの現象からの推論であり、ほかにも説明の可能性がないわけではないので、推論構造が分かるように整理してみよう。

A　遠い銀河が放つ光線のスペクトルは、地上で観測するものと比べるとズレている。
B　そのズレ（偏移）には赤方（低周波）へ向かう規則性がある。
C　光がドップラー効果を起こすと、観測される周波数が規則的に変化する。
D　銀河からの光はドップラー効果を起こしている。
E　赤方偏移は銀河が地球から遠ざかっているために起きる。
F　銀河が遠ざかるということと、宇宙が膨張するということは同じことである。

結構複雑な論理構造なので、簡略化して考えてみよう。命題Aは命題Dの根拠であると言えるだろうか。簡略化してAを前提にDを結論にもってくると、次のような推論になる。

［大前提］「もし銀河からやってくる光がドップラー効果を起こしているならば、スペクトルに偏移を生む」
［小前提］「スペクトルに偏移を生じた」
［結　論］「ゆえに銀河からの光はドップラー効果を起こしている」

これは仮言的三段論法における「後件肯定の虚偽」と呼ばれるものであり、論理的には誤った論理だ。だからと言って非難しているのではない。ただテレパシーの実在を訴える心霊主義者の論理も同じ構造になっていることを示したいがために、この話をもちだしたのである。もう一度最初の話を思い出してみよう。

［大前提］「もし婦人がテレパシーの能力をもっているならば、愛する者が遠隔地で死ぬ瞬間を感応することができる」
［小前提］「婦人は遠隔地（戦地）にいる夫の死にざまを幻視した」
［結　論］「その婦人にはテレパシー能力がある」

ここにも「後件肯定の虚偽」があることは明らかである。そうしてみるとどういうことになるのだろう。テレパシーを初めとする感応現象の探求は、計量的合理性に基づく近代科学の研究とくらべて、その確実性において劣っているとは言えないのではないか。われわれは近代合理主義を過信しすぎていて、さほど確実でないものを過分に評価し、テレパシーのような特殊、具体的な現象世界の意義を過少に評価しているのではなかろうか。私はもともとこういう結論を下すタイプの人間ではなかったが、齢を重ねたこともあるだろう、反復性・計量性の世界よりも、かけがえのない一回かぎりの世界に親近感を抱くようになっている。もちろん、それは根拠にはならないけれども。

（1）ベルクソン「《生きている人のまぼろし》と《心霊研究》」（『ベルクソン全集5　精神のエネルギー』渡辺秀訳、白水社、二〇〇一年）八六頁（一部ひらがな表記を漢字に改めた）。
（2）『同書』八五頁。
（3）朝倉一善著『医者もおどろく〝奇跡〟の温泉』（小学館、二〇〇〇年）など。たとえば下田市の観音温泉では肝硬変が「治った」Sさんの体験談がある。「病院にも行かず、薬も飲まず、この温泉に入って源泉水を飲み、六〇ℓをくんで帰る。肝硬変の影響で目もよく見えなかったのが、水を飲み始めてから二ヶ月くらいで目やにが驚くほどでて、一年で眼鏡の度を三回も変えるほどによくなっていった。観音さまに後押しされるように肝臓の調子が改善され、今は食も進むし足腰の疲れもない。眼鏡なしで元気に働いています」（一二三頁）。Sさんは実名で書かれている。
（4）小林秀雄「信ずることと知ること」（『新訂　小林秀雄全集・別巻Ⅰ　人間の建設』新潮社、一九七九年所収）九七－九八頁。（現代仮名遣い当用漢字に改めた）。
（5）A・キタイゴロツキー「テレパシーの実験に立ち会う」（メゼンチェフほか『テレパシーの科学』金光不二夫訳、文一総合出版、一九七八年所収）一九一－一九二頁。ほかにも似たような論文は豊富に存在するが、どれも似たりよったりである。遠隔視（remote viewing）の研究の代表者を挙げるとすれば、タ－グとパソフだろう。過去の論文がまとめられて出版されている。Russell Targ & Harold E. Puthoff, *Mind-Reach : Scientists Look at Psychic Abilities*（*Studies in Consciousness*）, Hampton Roads Pub. Co., 2005.
（6）キーン『サイキック・マフィア――われわれ霊能者はいかにしてイカサマを行ない、大金を稼ぎ、客をレイプしていたか』（村上和久訳、太田出版、二〇〇一年）（M.Keene, Psychic Mafia, New York, St.Martin's Press, 1976）。
（7）『マーフィーの法則』。この法則によれば、トーストを床に落とすとバターを塗った面が下になる確率が高いと言う。
（8）R.Montgomery, *A Gift of Prophecy : The Phenomenal Jeane Dixon*, New York, William Marrow, 1965.

（9）James Randi, *An Encyclopedia of Claims, Frauds, and Hoaxes of the Occult and Supernatural*, New York, St.Martin's Griffin, 1995, pp.257–267.

（10）拙著『パラドックスの科学論』（新曜社、二〇一三年）第六章で「当たらない予言のセレンディピティー」として論じた。なお、本章のパラドクサ・メンスラエは、第三章「アストライアの天秤」で詳細に論じた。

（11）H・W・フェスティンガーほか『予言が外れるとき——この世の破滅を予知した現代のある集団を解明する』（水野博介訳、勁草書房、一九九五年）。

II 感性と生のつながり

第五章　学問の起源とミメーシスの快

宮﨑裕助

人間は、動物と超人とのあいだにかけ渡された一本の綱である、——ひとつの深淵のうえにかかる一本の綱である。（……）

　人間において偉大であるところのもの、それは、人間が一個の橋であって、目的ではないということである。人間において愛されうるところのもの、それは、人間がひとつの過渡であり、ひとつの没落であるということだ。

　私は愛する、没落してゆく者としてでなくては生きるすべを知らない者たちを。というのは、彼らは向こう側へと渡ってゆくものであるから。


（ニーチェ『ツァラトゥストラはかく語りき』序説）

1　美しい学問は存在するか

† コロンブスの卵

十八世紀末ドイツの哲学者イマヌエル・カントは、自らの批判哲学の完成を企図して著わした『判断力批判』のある箇所で、次のような註を付して学問と技術を対比している。

私の地方では、コロンブスの卵のような課題が課せられたとき、一般の人は「それは技術ではなくて学問にすぎない」と言う。これは言いかえれば、それを知るならそれを為しうるということで、彼はまさにこうしたことを手品師のいわゆる技術のすべてについて言うのである。これに反して綱渡りの技術を技術と呼ぶことにはまったく反対しないであろう。（第四十三節）

「コロンブスの卵」の逸話は、誰もがどこかで聞いたことがあるに違いない。大西洋を越えた新大陸の発見者として知られる十五世紀の航海家クリストファー・コロンブスは、あるとき「西へ行けば誰にでもできる」と自らの功績を揶揄された際に、返す刀で卵を立ててみよ、と相手に言い放ち、誰もできなかったところをみて、自ら卵の尻をつぶして立ててみせたという、あのエピソードのことである。つまりこの逸話は、そうやって卵を立てることなど、分かっていれば誰にでもできる造作もないことなのだが、しかしまさにそれを最初なしとげることこそ実は難しいのだということを語る教訓として、しばしば引き合いに出されるのである。

学問と技術を対比しようとしてカントが「コロンブスの卵」のエピソードを持ち出した意図は明確である。つまり、知識さえあれば、それを行なうこと（卵を立てること）が容易である場合、それは技術ではなく、学問と呼ばれる。それを知ってさえすれば誰もができるようなことは技術と呼ばれるには値しない。学問は、誰もがそれを知りさえすれば実践しうる知識の集積として、技術と対比されているのである。

カントは、手品もまたその種の事例として言及している。手品そのものは人の眼を眩ませてあっと驚かせる芸当である。しかし、タネ明かしをしてしまえばなんのことはない。それは、実際には「技術」と呼ぶほどのものではなく、からくりを知っているかどうかの問題にすぎない、というわけである（とはいえ、一流の手品師になると、タネを知っていてもそれを実際にやってみせる技術を修得するには相当の訓練が必要なはずであり、それは文字通り「芸」や「技術」と呼ぶべきもののように思われるが、さしあたりカントの意図に同意しておく）。

他方、「綱渡り」は、知識があればできる「コロンブスの卵」や「手品」とは反対の意味で、すぐれて「技術」であると言うことができる。それは、成し遂げることにおいてはじめて意味をもつ技術であり、綱渡りをめぐる知識を身につけようとして、手引書やノウハウ本をいくら読んでみたところでできるようにはならない。綱の上で踊ること——それは、どれだけ頭のなかで思案していても始まらない、怖れることなく思い切ってやってみること、そしてそれを実際にやってみせることにおいてのみ、「技術」として称讃されるに値するのである。それは、知っているからといって誰にでもできることではない。

このことを踏まえるならば、カントが「コロンブスの卵」や手品師の例を引き合いに出していることは、カントの意図とは逆の意味で示唆的なものとなる。少なくとも最初の段階では卵を立てることも手品（タネ明かし以前の手品）も驚くべき技術であった。その「最初」にさかのぼってみれば、それが知識として確立する以前に、はじめて行なった者がいるはずであり、そのことを発見して知識なり学問なりへと仕上げた人物（手品のからくりをはじめて完成した者）が存在したはずである。そういう意味では、学問（知ること）と技術（為すこと）との、一見分かりやすいカントの対比もはじめから成り立っていたわけではない。学問にとって、知識を獲得することのみならず、まずもって発見することが不可欠であるということに留意すれば、重要な意味において学問もまた技術であると言うことができるのである。

† 学問の起源における快

議論を急ぎすぎたようだ。まずはカントの意を汲んだ解釈に努めることにしよう。カントが学問と技術を対比させる理由は、学問の成立そのものに関わる技術はいまだ学問とは呼べないとカントは考えているからである。ある程度確立した学問（知識）と、知識の発見や成立に必要な技術とはやはり区別されるべきだ、というわけである。このことを別の観点から考えてみよう。先ほど引いた『判断力批判』の一節の続く箇所では「美しい学問は存在するか」という興味深い問いが提起されている。カントの返答は次の通りである。

そのものとして美しくなければならないような学はナンセンスである。なぜなら、学としてのそのような学において根拠や証明が問われるとすると、趣味豊かな表現（洒落た言葉）で片づけられてしまうだろうからである。（第四十四節）

当然理解されるように、学問にとってその表現が美しいか美しくないかはさしあたりどうでもよいことにすぎない。たとえば、円周率（円周の長さに対する直径の比）は、3.14159…と無理数になり、直感的にはとても美しいとは言えないだろう。個人的な記憶を引き合いに出すことを許していただくならば、かつて筆者の教わった数学教師が、二次方程式とその解の公式を黒板に書き出し、二次方程式の均整が醸し出す美しさと、解の公式の奇妙な醜さとの対比の面白さから、数学の魅力を熱っぽく語っていたのを思い出す（数学の美しさでいうならば、小川洋子の小説『博士の愛した数式』でも語られていた「オイラーの公式」を思い浮かべる人もいるかもしれない）。数学の証明で、解法のエレガントさが競われることは多いが、大学受験までの数学からもみてとれるように、どんなに不格好な証明や解答——たとえば力任せに計算を重ねて導き出されるような——であっても、そこで導かれた解や手続きにおいて正しければ誤りとされることはない。

要するに言いたいことはこうである。一つの真理に到達するのに複数の経路や表現方法があってよく、一つの最短ルートでなければならないという決まりはない。到達する過程においていかに逡巡し迂回しようと、それを成し遂げるやり方そのもの（つまり技術）は、真理そのものの妥当性からは独立しており、それに影響することはないというのが、近代科学の基本条件なのである。

これはいわゆる文系の学問であっても事情は変わらないだろう。学術論文には文章が単調であったり流暢でなかったりして無味乾燥なものも少なくない。しかし重要なのは「中味」である。議論を導く論理、論証の正確さ、そしてそのことが伝えている内容こそが重要である。もちろん修辞を凝らした雄弁な文章であれば、説得力は増すようにもみえる。議論の構成や表現の工夫された文章は、それだけで心楽しませるものだろう。だがそれは当の論文の「中味」とは別個に評価されるべきことである。実際そうした雄弁な文章であっても中味が伴わなければ、せいぜいのところ「洒落」や「レトリック」とみなされるにすぎない。つまり文章の巧拙は、当の論文なり文章なりが達成している学問的な内容そのものとは切り離されるべきである。それどころか、過度に修辞や美辞麗句の類いの凝らされた文章は、当の文章が述べようとしている真理内容を読み取りにくくさせ、ひいては誤解させるおそれすらある。

学問の「中味」をなすところの真理は、個々に特殊な表現様式——これは修辞の問題のみならず、英語であれ中国語であれ日本語であれ、表現言語の特殊性にまで及ぶ——によって掻き乱されたり影響されたりするものであってはならない。そういう意味では、学問は常に修辞的には——さらに感性論＝美学的観点からは——抑制的で禁欲的でなければならないのである。

しかし学問が美しくない、美しくあってはならないというのは本当だろうか。語弊があるかもしれない。もう少し言いかえよう。たしかに文章上の過剰な修辞や凝った技巧は不必要であるどころかしばしば有害ですらある。しかし、それでも学問的内容や学問の成立条件そのものに、美的な快に通じる要素はないと言い切れるだろうか。そうした要素がまったくないところに学問は成立可能だろうか。実のところ、真理の探究や発見の際に、さらには新しいことを学ぶ際にも、ささやかな喜びであれ興奮させるような刺激であれ、何らかのそうした実践上の感情的要素――技術の関わる直感的側面――が、学問には不可欠とは言えないだろうか。

† 綱渡り師カント

驚くべきことに、学問と技術の分離を生真面目に訴えている『判断力批判』はしかし、別の読み方をすれば、まさにこうした学問の成立そのものに伴う快や喜びの感情を、探究の対象としていると考えることができる。すなわち『判断力批判』の対象は、学問と区別されるべき快の技術のみならず、あらゆる知識や認識に先立ってそれを可能にすることがもたらす快、いわば学問以前の、学問の起源としての快なのだと言うことができるのである。次の一節を読んでみよう。

なるほどわれわれは、自然の把捉可能性や、自然の類と種における諸区分の統一に、なおこの区分によってのみ経験的な諸概念が可能となり、われわれはこれらの概念によって自然をその特殊な諸法則にしたがって認識するのであるが、こうした諸区分の統一に、もはや気づくほどの快を感じない。だが快はかつてたしかに存在したのであり、この快がなければごく通常の経験でも不可能になってしまうがために、快は次第にたんなる認識と混合し、もはや特別に気づかれることはなくなったのである。(序論、第Ⅵ節)

『判断力批判』独特の用語法に少々戸惑うかもしれない。この一節においてカントが述べようとしているのは、要するに、学問の基礎となるわれわれの自然認識の問題である。自然を把握するわれわれの認識の枠組みはいまやほとんどできあがってしまっているが、そもそもの認識の端緒に「快」が存在したのだとカントは述べている。つまり、まさに認識の始まる瞬間に宿る快というものがあり、それはわれわれの認識のうちにつねに存続しているのだが、当の自然認識が獲得され定着するにつれ、この快の存在は、認識の確立によって掻き消されてしまい、いまや見失われてしまったというのである。

あらゆる認識以前に、認識の起源において感じられる「快」がある――そうであってみれば、『判断力批判』が設定しようとしていた諸対立――すなわち認識と快、さらには学問と美、学問と技術といった諸対立――は、「快」に関わる『判断力批判』自体の前提によって覆されることになるだろう。このことの帰結はけっして小さなものではない。突き詰めて言えば、自らが否定していたはずのレトリックや洒落に通じるような「快」の経験がなければ学問は成り立たないということになる。「美しい学問は存在するか」という問いかけは、実はけっしてささいな問題ではない。この美的・感性的な快を、学問上の発見がもたらす快や、新しい学びが喚起する喜びや驚きの感情として捉えるならば、そのことはより容易に了解されることだろう。この快は、まさに学問や認識そのものが成り立つための可能性の条件なのである。

それればかりではない。このことは、カントの企てそのものに撥ね返ってくることになるだろう。そもそもこのような「快」への着眼は、『判断力批判』以前の批判書ではけっしてみられないものだった。つまり、のちに認識と混じり合って掻き消されてしまったこの根源的な「快」という感情、この「快」に着眼することによってこそ『判断力批判』の企ては始動したのである。それが『判断力批判』の前半、美的判断力の探究の前提を形づくっている。

『判断力批判』のカントには二つの顔がある。一方には、学問から洒落を、知識から美的快楽をしかつめらしく峻別しようと警戒を怠らない概念の体系家カント。他方、その傍らには、新大陸を発見して（あるいは卵を立ててみせて）意気揚々たるコロンブス的カント、あるいは誰にもタネを見透かされることなく見事に手品を成し遂げてみせる奇術師カントがいる。そして何よりも、彼は、綱の上で器用にバランスをとって踊ってみせる綱渡り師カントなのである。

『判断力批判』が、美についての書物であることには違いないにせよ、この企てそのものが美しいかどうかは定かではない。しかしともかくも、カントがやってみせたこの「綱渡り」は、老練な哲学者が達成した驚くべき思考の業（技術）であると言えるだろう。このカントの姿に、哲学史上もう一人の有名な綱渡り師、すなわち『ツァラトゥストラ』の冒頭に登場するあの綱渡り師の姿を重ね合わせることは牽強附会だろうか。カントの批判哲学の行き着いた人間観の尖端に、このような綱渡り師の姿をみとめることはできないだろうか。本章の題辞として掲げておいた文章を振り返っておくならば、われわれは人間の命運にすら関わる、さらに巨大な問いへと導かれるかもしれない。「人間は、動物と超人とのあいだにかけ渡された一本の綱である、——ひとつの深淵のうえにかかる一本の綱である（……）」（ニーチェ『ツァラトゥストラはかく語りき』序説）。

いずれにせよ、依然として問いは残っている。学問がつまるところ、快をもたらす技術に頼らざるをえないとするならば、当の技術が快を呼び起こすとはどういうことなのだろうか。学問と対比されていたこの技術とはいったいどういうものなのだろうか。結局のところ、いかなる技術が問題になっているのだろうか。『判断力批判』では、美的な快が技術との関係において問われている場合、常に芸術の可能性も念頭に置かれている。技術にあたるドイツ語クンスト（Kunst）は、英語のアート（art）と同様、「芸術」を意味する言葉でもある。日本語では異なった訳語が当てられてしまい、しばしばその関連が看過ごされがちであるが、問題なのは、まさに技術であるところの芸術、古典ギリシア語でテクネーとも呼ばれる芸術の意味なのである。

2　ミメーシスの快とは何か

† 芸術の起源としてのミメーシス

芸術論の最大の古典の一つであるアリストテレス『詩学』では、芸術の問いは、詩作の問いとして問われている。詩作の起源を明らかにしている次の有名な一節を読んでみよう。

一般に詩作というものが生じてきた理由には二つのものがあるように思われ、そのどちらも自然なもの（phusikai）である。子どものときから人間が生来そなえているのが第一に、模倣すること（mimeisthai）であり――人間が他の動物と異なっているのは、人間が模倣にもっとも長じており（mimētikōtaton）、模倣することを通じて人間はその最初の知識（mathēsis）をつくり出す（poieitai）という点にある――、第二に模倣した結果に対して快を得ることである。（1448b）

詩作（テクネーないし芸術）の起源はまずもって「ミメーシス」、つまり模倣することである。そして、そのことによって産み出されたものが快をもたらすとされている。要するに、ミメーシス（模倣）とその快が芸術（技術）の起源にあったのだ、というのがアリストテレスの定義である。

模倣するといえば、通常、何かオリジナルなもの（本物）をコピーすること、あるいは模写や複写や真似によって再現することとして理解される。たとえば、カブトムシを眼の前にした子どもが、カブトムシの絵を描くことによってカブトムシの何事かを理解するように、あるいは赤ちゃんをあやしている母親の姿をみて、ママゴトという「ごっこ遊び」をすることによって母という役割を知るように、模倣を通じて人は、自らの関わる世界についての認識を獲得し深めていく。それと同様に、詩作は、世界認識をもたらすそうした根源的な模倣を言語によって実現する、すぐれて人間に固有のテクネー（技術＝芸術）である。まさにそこに人は「喜び＝快」を感じるというわけである。

注意しなければならないのは、知（マテーシス）をもたらすこうした行為（ミメーシス）には、たんなる模写以上の含みがあるという点である。プラトンは、よく知られているように芸術による模倣行為を真理からの堕落として糾弾することで詩人追放論を展開していた（『国家』第十巻参照）。アリストテレスのいうミメーシスはそれに対する異議申し立てとみなすことができるだろう。すなわち、このように理解されたミメーシスの主眼は、オリジナルの再現や複写にはとどまらず、知の創出（ポイエーシス）を担うことにあるのだ。ミメーシスを通じて人間は、自らと世界との関わりを知る。要するに、自然を理由として、テクネー（芸術）は、ミメーシスを介して最初のマテーシス（知）をつくりだす（ポイエイン）。この創作行為（詩作＝ポイエーシス）にこそミメーシスの快は宿るのである。

「模倣」であるはずのミメーシスを、「創作行為」と呼ぶのは、明らかに矛盾しているように聞こえるかもしれない。ここで、オリジナル（原本＝根源）とミメーシス（模倣）の関係については次のように説明することができる。ミメーシスは、オリジナルをたんに再現しているだけではない。ミメーシスは、この再現を通じて、そもそもこの再現なくては隠れたままになってしまうであろうオリジナルの真理を開示する。つまり、そのことではじめて当のオリジナルはそのものとして知られるのである。

言い換えれば、ミメーシスは、オリジナルの再現と同時に、オリジナルへの関わり方そのものを改めて創出することによって、それ以前には知りえなかったようなオリジナルの真理を新たに発見するのである。このような意味で、ミメーシス以前にオリジナルは存在しなかったことになる。そもそもオリジナルがそのものとしてはじめから知られているのであれば、あるいはそのものとして直接に知りうるのであれば、わざわざ模倣するには及ばないだろう。模倣するのは、模倣せずしては認識できない何ものかがそれによって露わになるからであり、人はそのようにして快を感じるからなのだ。ミメーシスは定義上オリジナルの後からやってきてそれを再現するが、以上から理解されるのは、当のオリジナルがいわば根源的なミメーシスによって創出ないし発見されるのだということである。

だが、それにしてもそのような創出的ミメーシスは、何を模倣していることになるのか。もし厳密に言って、ミメーシス以前にオリジナルがそのものとして知られていないのならば、当のミメーシスはなぜたんに恣意的な「でっちあげ」に陥らずに済むのだろうか。オリジナルが発見ないし創出される当の仕方は、どのように正当化されることになるのか。

† ピュシスとテクネーの自己消去

自然（ピュシス）がその答えとなるだろう。先に引用したアリストテレスの一節でも「自然」が引き合いに出されていた。詩作は芸術であり、ミメーシスはテクネーである。にもかかわらず、それは、たんに人為的なものではなく、自然本性に適うものでなければならない。そのときにこそ、ミメーシスの行使は根源的なものとなり、快をもたらすことができるだろう。これが基本的な図式である。とはいえ、自然に適うテクネー、いったいこれはどういうことだろうか。再びカントに立ち戻ろう。

美術の産物については、それが技術であって自然ではないということが意識されていなければならない。だが、それでもこのものの形式における合目的性は、あたかもこのものがたんなる自然の産物であるかのように（als ob...）、随意の諸規則のあらゆる強制から自由であると見えなければならない。私たちの認識諸能力の戯れにおける自由のこの感情（……）にこそ、それのみが普遍的に伝達可能であるところの快が（……）基づいている。自然はそれが同時に技術のように見えたときに、美しかった。ところでこの技術は、私たちがそれが記述であることを意識していながら、それでもそれが私たちに自然のように見えるときにのみ、美しいと呼ばれることができるのである。（『判断力批判』第四十五節。傍点は引用者）

芸術作品は、技術であるかぎり一定の形式（合目的性）をそなえているが、それが美術（美しい技術）であればこそ、人為的なわざとらしさを排して自然にみえるのでなければならない。つまりそのような仕方において、あらゆる技巧的な束縛から解放された自由を実現していなければならない。このことが意味するのは、芸術が、美術として完成されたものであればあるほど、美しいものとなればなるほど、技術の形式性が課す拘束から自由になり、要するに技術的ではなくなるということである。

このとき「あたかも～かのように（als ob...）」というミメーシスの構造は、まさに技術が自然に似るという関係を告げるものである。注意しなければならないのは、この関係は、たんに自然の事物を技術が再現するという関係ではない点である。この一節にあって、模倣されるべき自然とは、規則や技巧性からの解放としての自由そのものとみなされている。つまり技術は、自らがそなえている形式的な束縛を自己否定することによってこそ自由＝自然となることができるのである。

要するに、テクネー（技術）がピュシス（自然）に似るのはまさにテクネーの自己消去として可能になる。逆に言うと、あらゆる技巧性から解き放たれた自由な存在としての自然は、テクネーが自らの規則性や形式性を当てはめるような仕方で模倣することはできない。ピュシスは、テクネーの自己消去を介してのみ、それを介してはじめて把握され認識されるのであり、そうしたテクネーの自己隠蔽においてのみ美術が成立し、かくして快が生ずるのである。フランスの哲学者フィリップ・ラクー＝ラバルトの言葉を借りれば「テクネーが自己を成就すればするほど、テクネーは自己消去する。ミメーシスの極みは、ミメーシスを覆い隠し、それを隠蔽することにある」（「崇高なる真理」）。

こうした説明は難解に感じる人も多いだろう。以上のことを具体的にみてみるために、カントが引き合いに出している例を参照しよう。

穏やかな月の光に照らされた静かな夏の夕べ、人の気配のない藪で鳴くナイチンゲールの魅惑的な美しいさえずりにもまして、詩人たちによって高く褒めそやされたものがあるであろうか。ところでこのような歌い手が見つからないので、ある愉快な主人が、田舎の空気を楽しむために彼のところを訪れた客人たちを、この鳥のさえずりを（葦のたぐいを口に当てて）まったく自然に似せてまねることができるいたずらな若者を藪に忍ばせておき、それで彼らを存分に楽しませるために欺いた、という例もある。だがこれが欺瞞であると知るやいなや、もはや誰も以前にはきわめて魅力的に思われたこの歌声に耳を傾けることはないであろう。
（第四十二節）

ナイチンゲールの美しいさえずりを「自然に似せて」まねることのできるこの若者は、容易に人びとを欺くことができる。しかし、それが本物のナイチンゲールではなく、人間のものまねだと知られるやいなや、この美声の魅力は色褪せてしまう。一見したところこの一節の主旨は、ナイチンゲールの美しい自然のさえずりに比べれば、人の手による模倣などたかが知れていることを強調したもののようにみえるかもしれない。

しかし逆に読むならば、この文章が述べているのは、ものまねであることが知られないかぎり、騙しおおせるのだという可能性でもある。ものまねの技術は、まさに自己消去することによって自然（ナイチンゲールの本物のさえずり）を再現することができる。つまり、ものまねによって欺くことができるその程度には、そしてそのかぎりでは、聞こえてくるナイチンゲールの美声が本物であるかどうかはどうでもよいのであり、実際ものまねであることに気づかれない間は「本物のさえずり」は、この若者のものまねによって十分に代替されていたのである。

この一節の議論をさらに推し進めて次のように述べることもできるかもしれない。本物がそのものとして知られていないかぎり、ある意味でこの若者は、本物以上に「自然に」美しくさえずることができるのだ、と。つまりこのとき若者の才能は、究極的には、ナイチンゲールの歌声をたんにまねる以上のことを成し遂げる。彼がまねている真の対象は、この鳥のさえずりではなく、ナイチンゲールという自然存在の自由闊達さそのものなのであり、かくして彼は、本物以上に美しい歌声を実現することができるのである。そのような状況にあって「本物の良さや真正さ」はむしろ、若者の歌声によってはじめて創出され新たに発見されることになるだろう。

† 天才の創造的ミメーシス

実のところ、カントが真の芸術として言祝ぐのは、そのような技術である。カントによればまさに天才が達成するのはまさにそのような業なのである。カントは、天才が達成する自然の模倣（ミメーシス）を、その弟子や追従者たちが陥りがちな猿真似と峻別してこう述べている。

天才は自然の寵児である（……）。美術は（……）自然が天才を通じて規則を与えたものの模倣である。だが、この模倣は弟子たちがすべてを模造する、つまり天才が理念を弱めずにそれを除去することができなかったために、ただ畸形として残さなければならなかったものまでも模造する場合には、猿真似になる。こうした（畸形を産む）勇気は天才においてのみ功績となるのであり、表現におけるある種の大胆さと、そうじて通常の規則からの多くの逸脱は、なるほど天才にはふさわしいが、しかしけっして模倣に値するものではなく、それ自体としてはつねに取り除くようにしなければならない欠陥であるが、天才はこれに対していわば特権をそなえているのである（……）。（第四十九節）

自然が自らを模倣させるところの天才は、実のところ、当の模倣を完璧なかたちで達成するわけではない。それはしばしば「畸形」をも産み出すのであり、それ自体としてはけっして褒められたものではないだろう。しかし弟子たちが完全な模倣を心がけてかえって技巧的になり「猿真似」へと堕してしまうのとは異なり、天才の模倣は「畸形」を伴うことも顧みず、何か「通常な規則」を超越した「大胆さ」をもって、自然の本性そのものがそなえている自由奔放さを実現するのである。

このことを厳密に受け取るならば、逆説的なことに、天才は、自然の事物を模倣する必要さえない、ということになる。問題になっているミメーシスとは、実は、自然の産物を模倣することではなく、自然の産出性そのものを模倣することなのである。技巧のわざとらしい法則性から解放された自由奔放さや、惜しむことなく与える鷹揚さそのものを模倣しうるということが、天才の証、つまりは人間的自由の本質を示すことができるのだ。

真の芸術が模倣するのは、自然の贈与や創造力、純粋な産出の働きそれ自体である。つまり、結局のところ「模倣しないこと」（＝自由）そのものを模倣しなければならないのである。現代フランスの哲学者ジャック・デリダが、自然を定義する伝統的区分にしたがって述べていたように「ミメーシスは、ふたつの産出物の関係ではなく、ふたつの産出行為の関係、つまりふたつの自由の関係である。芸術家は、自然のなかの事物、すなわち所産的自然（natura naturata）を模倣するのではなく、能産的自然（natura naturans）の行為を、ピュシスの作用そのものを模倣するのである」（『エコノミメーシス』）。

結局のところ、ここで模倣すべき対象として問われている自然は、事物の現われとして具体的に知覚される自然（現象的自然）ではない。そうではなくそれは、あらゆる存在者の根源としての、創造し贈与する自然（理念的自然）にほかならない。技術なくしてミメーシスは存在しないが、天才のテクネーが達成する至高のミメーシスは、当の技術性を消尽させるほどにまでピュシスの働きそのものを模倣する。創造のミメーシス、逆説的に響くこの非再現的ミメーシスを通じてこそ、人間は、まさしく「ミメーシスの快」として自然の恵みを受け取っていたことになるのである。

3　子どものミメーシス

†「模倣の能力について」

ミメーシスの快——改めてアリストテレス。「子どものときから人間が生来そなえている」とされるミメーシス、そしてそれが「快」をもたらす。

のちにカント。われわれは改めて「快の根源」を見出す。しかしそれはすでに見失われてしまったものとして、である。現在のわれわれにとって、その「快」は、すでに「認識と混合してしま」っており、もはやそのものとしては気づくことができない。

認識以前の、認識の起源において感じられていたはずの「快」――それはたしかに存在しているのだが、原初のあり方を奪われてしまっている。天才の芸術によってわれわれが鼓舞され、讃嘆の念を惜しまないのは、アリストテレス＝カントによるならば、天才のミメーシスが実現する芸術が、まさにピュシスの働きと一体と化すことによって、多少なりともこの「快」を取り戻してくれるからだということになるだろう。

しかしながら「天才」の存在を持ち出すことは、けっして問題の解決ではありえない。それは、新たな謎の別名でしかない。有史以前ともいうべき太古の快、記憶から失われた起源における快を、天才という偶然的な存在に頼ることなしに、われわれはいかに想起すればいいのだろうか。これはそもそも天才というごく少数の特異な存在にのみ限られた特権でしかないのだろうか。最後に、そうした問いを開いておくために、二十世紀ドイツの批評家ヴァルター・ベンヤミンの一節を手がかりとして参照しておくことにしよう。

自然はもろもろの能力をつくり出す。動物の擬態のことを考えてみさえすればよい。類似を産み出す最高の能力をもっているのは、しかし人間である。類似をみてとるという人間のもつ才能は、似たものになるように、また似たふるまいをとるように強いた、かつては強大であった力のその痕跡にほかならない。ひょっとすると人間は、模倣の能力を決定的な誘因としない、いかなる高次の機能も所有していないのかもしれない。

(「模倣の能力について」冒頭)

ベンヤミンによれば、このようなかつては「強大であった」模倣の能力は、現代にいたるまでに少しずつ失われてきてしまっている。「明らかに近代人の感覚しうる〈しるしの世界〉は、古代の諸民族によく知られていたあの魔術的な交感や類推のうちの、ほんのわずかな残滓しか受け継いでいない。問題は、そのさいこの能力が衰退してしまったのか、それが変形してしまったのかということである」(同)。

ところが、ベンヤミンの指摘するように、こうした人類史的な観点は、各人の個体発生論的な観点から改めて捉え直すことができる。すなわち、子どものミメーシスとして、である。

> 子どもの遊びには、至るところに模倣の行動様式が浸透していて、それが及ぶ範囲は、ひとりの人間が他の人間のまねをするということにとどまらない。子どもは、店のおじさんや先生のまねをするばかりでなく、風車や汽車のまねをする。模倣の能力のかかる習練(……)。(同)

> ところで模倣の能力が、実際に、古代人のもっていた生活規定的な力のひとつであったとすれば、新生児こそが、この才能を完璧に所有する存在、なかんずく、宇宙的な存在形態に完全に同化した存在であると考えられていたことは想像するにかたくない。(同)

ベンヤミンは、この子ども＝新生児における完璧な模倣能力によって実現されていたはずのミメーシスを「非感性的類似」とも呼んでいるが、そのことはここでは措いておこう。結論に代えて、本章は、失われた快の起源における模倣の可能性を、このような子どものミメーシスのうちにこそ確認し、さらなる問いにつなげておくことにしたい。ベンヤミンが「類似を産み出す才能」とも呼ぶ、そうした子どもの戯れの振る舞いのうちに、いかにしてわれわれはミメーシスの原初の快をみとめ、想起することができるだろうか。すべての人間が通過してきたはずのそうしたミメーシスの無邪気さ、無垢さのうちに。

† ミメーシスの「素朴さ」のほうへ

子どものミメーシスを想起することは、けっして幼年期へのたんなる退行として考えられてはならないだろう。カント自身もまた、こうした子どものミメーシスに通ずる無垢な自然本性を「素朴さ」と呼んで、これを指摘している。興味深いことに、カントは、それを語るのに子どもを直接引き合いに出すのではなく、素朴とは対極にある、技巧を凝らした見せかけについて語る文脈のなかで、それがあるとき突如として無へと転化し、「いわばわれわれ自身のうちに潜むいたずら者が暴き出される」瞬間があるということを指摘している。

> 素朴さとは、第二の本性となってしまった〔美しく見せかけようとする〕仮装術に対抗する、人間性にとって根源的に自然な誠実さの発露である。人はまだ自分を仮装するすべを心得ていない単純さを笑うが、それでもここでかの仮装術を頓挫させる自然の単純さを喜びもする。人は、美しい見せかけを慎重に狙った表現からなる日常的な作法を期待していたのに、見よ、そこにあるのは腐敗していない無垢の自然本性なのだ（……）。採用されたあらゆる作法よりも無限に優れているもの、すなわち心構えの純粋さ（少なくともそれにむかう素質）が、それでも人間の本性においてまったく消え去っていないということは、判断力のこの戯れに真剣さと尊重の念を伴わせるのである。（第五十四節。〔 〕内は引用者による補足）

美しさを技巧的に演出しようとする仮装術は、けっして首尾よく維持し続けることはできない。あるときそれが不意にぼろを出してしまうことで、当人は、露わになった自らの本性をどれほど恥ずかしく感じるにせよ、かえって「自然な素朴さ」としての無垢な美しさを獲得することさえあるのだ。興味深いことに、カントはそこに「真剣さと尊重の念」が喚起される可能性をも指摘するのである。

のちにニーチェはこのことを別の仕方で端的に語ってみせたように思われる。「人の成熟——それは、子どもの頃の遊びでみせた真剣さを取り戻すことにある」(『善悪の彼岸』第九十四節)。重要なのは、成熟であることに疲れた「大人」があるとき慰めとして求めるような素朴さなのではない。それは子どもが没頭する遊びにも似た真剣さにおいて「成熟」そのものを生きることにあるのだ。

そこに、ミメーシスという技術の理想をみようとすることはそれこそ素朴にすぎるだろうか。技術による自然の暴力的支配の終わり、自然と人間の宥和といった状態はたんなるユートピアにすぎないのだろうか。そもそもそうした新たな技術をわれわれは手に入れることができるのだろうか。あるいは現代のわれわれを取り囲む高度に発達したテクノロジー、たとえば——われわれの社会を大きく変えつつあるもので言えば——インターネットやSNSなどのIT技術、バイオテクノロジー、遺伝子工学や脳神経科学、さらには原子力発電、ひいては核ミサイルや化学爆弾といった大量破壊兵器、等々の諸技術として、それをすでに手に入れていたことになるのだろうか。それはむしろ、技術によって人間が陥った最悪のディストピアの可能性を開いたことにならないだろうか。いずれにせよ、そのような新たな技術との関係を、われわれはどのように生きることができるのか。そうした技術は、いかなるミメーシスの可能性をわれわれに垣間見させるのだろうか。もう一度、ニーチェ。

おそらく人間たちの精神的な眼の鋭さと誠実さを鍛え上げた一切のものは、彼らの修練のためのきっかけにすぎなかったのだ(……)、ちょうど老人にとっては子どもの玩具や子どもの苦痛が取るに足らないものと思われるのと同じように。——だが、そうなったとき、おそらく「老いた人々」は別の玩具、別の苦痛を必

要とするだろう。――相変わらずどこまでも子どもなのだ、永遠の子どもなのだ！（『善悪の彼岸』第五十七節）

■参考文献
アリストテレス／ホラティウス『詩学／詩論』松本仁助ほか訳（岩波文庫、一九九七年）。

カント、イマヌエル『判断力批判』上巻、宇都宮芳明訳（以文社、一九九四年）。

デリダ、ジャック『エコノミメーシス』湯浅博雄ほか訳（未來社、二〇〇六年）。

ニーチェ、フリードリヒ『ニーチェ全集9　ツァラトゥストラ（上）』吉沢伝三郎訳（ちくま学芸文庫、一九九三年）。

――『ニーチェ全集11　善悪の彼岸／道徳の系譜』信太正三訳（ちくま学芸文庫、一九九三年）。

ベンヤミン、ヴァルター『ベンヤミン・コレクション2　エッセイの思想』浅井健二郎編訳、久保哲司ほか訳（ちくま学芸文庫、一九九六年）。

森田團『ベンヤミン　媒質の哲学』（水声社、二〇一一年）。

ラクー＝ラバルト、フィリップ「崇高なる真理」『崇高とは何か』梅木達郎訳（法政大学出版局、一九九九年）。

＊引用にあたっては文脈に照らして適宜訳文を変更させていただいたことをお断りする。

第六章　現象の形式へ

――カントの感性論の第二論証を読む――

城戸　淳

1　感性的直観のアプリオリな形式

†トロイの馬から一つの経験へ

感性や意志や理性など、人間の精神的な働きや状態について考えるとき、初手から間違っているのは、あたかもそういうものがあって、それらのパーツから組み立てられて人間の精神は成立している、と想像することである。とはいうものの、そういう考え方は人間にとってはかなり基層的なものであって、簡単には拭いがたいかもしれない。たとえばスネルが教えたように(1)、紀元前八世紀末のホメロスの世界では、人間のさまざまな精神活動は、個々の機能をもった内臓器官のようなものとして、体内にばらばらに配置されていた。日本語でも怒ることを「腹が立つ」とか、つらく思うことを「胸が痛い」とかというのと同じである。ホメロスの英雄たちの心は、まるで体内に多くの戦士を忍《しの》ばせたトロイの木馬のように、そういう内臓的な精神器官の集まりだったのである。

このような内臓モデルは、たしかに幼稚な人間観かもしれない。しかしながら、「魂」のなかにはまるでハードディスクのパーティションのように区切られた諸部分があるのだ、という考え方はヨーロッパでは中世まで信奉されていた。デカルトが『情念論』（一六四九年）で嘆くように、精神のなかに低い感覚的部分と高い理性的部分とがあって、その間で情念の戦いがあると考えるのは、中世風の素朴な考え方である。われわれの精神はただ一つであり、そのなかには部分の相違などないからである（第四十七節）。デカルトにいわせれば、情念の戦いといわれるものは、本当は心身の、つまり精神と身体との戦いなのである。

デカルトのこのような情念の分析に賛同するかどうかはともかく、内的に体験される精神の諸体験が一種類のものであることは、近代的な「精神」について問う場合に、まず確認しなければならない事柄である。痛みの感覚も、憎しみの感情も、科学的な思考も、精神生活としては一つである。この一つの精神から出発して、さまざまな観点から精神を分析することで、われわれは知性や感情といった精神の諸機能を分けて、それぞれに名前をつけることができるわけである。

さらに、本章の主人公であるカントにいわせれば、デカルトのいう「精神」や「物体＝身体」もまた実体として存在するものではない。それらは「一つの経験」の全体のなかでの、与えられ方の違いにすぎない。よくみると、怒りや暗算がたんに時間的に継起するだけであるのに対して、リンゴや腕は時間的に持続するだけでなく、さらに空間的にも広がっているだろう。だとすれば、精神的な経験がたんに時間的にのみ与えられるのに対して、物体はさらに空間的にも与えられる、と分析できる。

✝ カントの感性論とアプリオリ

そのことはカントの主著『純粋理性批判』(2)（一七八一年／八七年）の超越論的感性論において論じられている。もちろん感性論といっても、なにも感性というものがあるわけではない。カントによれば、「対象によって触発されるしかたによって表象を獲得する能力（受容性）を感性という」（A19/B33）。すなわち、対象へと直接的に関わるのは総じて直観と呼ばれ、感性はこのうち対象を受容的に受けとる場合の直観能力のことである。カントの感性論は、このような感性的な直観の形式である空間と時間についての究明である。感性論では「形而上学的究明」として、空間と時間についてそれぞれ五つほどの論証が定式化されている。それらの論証をつうじて、空間と時間はわれわれの感性的な直観のアプリオリな形式である、という結論が導かれることになる。

ところが、この「アプリオリ（a priori）」がしばしば「先天的」と訳されるので紛らわしい。これは、カントの空間と時間をホメロス的な内臓にしてしまう、たいへん困った誤解である。たしかに形而上学的究明の第一論証が教えるように、空間や時間というものは、われわれが対象のさまざまな位置や距離、あるいは変化や移動をいろいろ体験することによって、経験的に習得するものではない。位置や距離はそもそも空間的なものであり、変化や移動はそもそも時間的にしか成り立たないからである(3)。

しかしながら、第一論証のいうとおり、われわれの経験がそもそも空間的・時間的だからといって、カントはなにも、空間と時間はわれわれに先天的あるいは生得的に植えつけられている、といっているのではない。というのは、もし空間と時間が生得的な内臓のようなものであれば、それを取り外して、それなしで対象を受けとることもできそうであるが、そういうわけにもいかないからである。空間と時間は、われわれが対象を感性的に直観するときにはかならず見出される形式であるという意味でアプリオリであるが、しかしそれは生得的ということではない。このあたりの微妙な事情を、形而上学的究明の第二論証は解き明かそうとしているように思われる。

本章では、この第二論証のテクストを読み砕き、ニーチェとともにいうなら「反芻する」（『道徳の系譜学』序文八）ことをとおして、カントがわれわれの感性的な経験について、あるいはその形式としての空間や時間について、どのように解明を試みたのかを明らかにしていこう。さらにはよりひろく、カントがこの論証をつうじて身をもって伝えようとした、哲学的な探究の道にも説きおよぶことができればと思う。

2 空間と時間についての第二論証

† 空間についての第二論証とアリストテレス

さて、感性論の形而上学究明では、まず第一論証で空間と時間が非経験的であることを示したあと、第二論証につづく。空間についての論証から引用しておこう。

（2）空間は、すべての外的な直観の根底にある、アプリオリで必然的な表象である。ひとは、空間中にまったく対象が見出されないということをじゅうぶんに考えることができるとしても、空間がないということを表象することはできない。空間はそれゆえ、現象の可能性の条件とみなされて、現象に依存する規定とはみなされないのであって、外的な現象の根底に必然的なしかたで存するアプリオリな表象なのである。（A24/B38f.）

ひとまず形だけをみれば、マルチンが指摘したように、(4) これはアリストテレスにさかのぼる議論である。アリストテレスは『自然学』において、ヘシオドスの「すべてのもののうち、もっともはじめに混沌《カオス》が生まれた」でいわれる「混沌」とは空間のことだとしたうえで、それが「第一のもの」であることを次のように説明している。「というのは、それなしには他のなにものも存在しないが、それだけでは他のなにものがなくても存在するところのそれは、第一のものであること必然だからである。けだし、場所《トポス》は、それのうちにあるものどもが消滅しても、滅び去りはしないからである」(208b35–209a2)(5)。

すなわち、空間あるいは場所と、そのなかの物体との、どちらに存在論的な優位があるのかを、一方が欠けたときに他方が存続しうるかというテストによって、見極めようというわけである。これは実体とその属性の場合が分かりやすい。ソクラテスがいなければその白さはありえないが、日焼けして黒くなってもやはりソクラテスである。それゆえソクラテスが実体であり、白さはその属性にすぎない。実体のこのような存在論的な先行性は空間についても当てはまる、とアリストテレスはいうわけである。カントの感性論の第二論証は、このアリストテレス的な思考を継承している。もちろんカント的な思考は決定的な点でアリストテレスから離反することになるが、それについては追って述べよう。

† 思考とイメージ?

カントの第二論証に戻ろう。このテクストは三つの文からなり、第一文では「空間は……アプリオリで必然的な表象である」と主張されたあと、第二文でアリストテレス的な思考実験がつづく。「〔①〕ひとは、空間中にまったく対象が見出されないということをじゅうぶんに考えることができるとしても、〔②〕空間がないということを表象することはできない。」すなわちここでは、①無対象の空間の思考可能性と、②無空間の表象不可能性とが対比させられている。こうまとめるとき、まずは①の思考と②の表象との対比に目がいくだろう。つまりカントは、②外にひろがる空間がまったくないということをイメージとして思い浮かべることはできないが、①空間中に対象がいっさいないという思考実験を考えることはできる、といっているようにみえる。

しかしこれは罠である。そういうふうに読めば、アリストテレス的なテストが成り立たなくなってしまう。そもそも、一方が欠けたとき他方が残るかどうかという実験をしているのだから、その基準は一つでないと辻褄があわないはずであろう。思考と表象というダブル・スタンダードを認めるのは、いってみれば依怙贔屓である。しかももっとまずいことに、このダブル・スタンダードはまったく役に立っていない。

なにしろ、イメージ的な表象が可能かどうかという基準でいえば、実際のところ対象のいっさいない空間もまたイメージできないのである。できるような気がするのは、なにか淡く光る霞のようなものが広がっているのを想像しているだけで、光も霞もなくなればイメージとしての空間はなくなるはずであろう。

他方で、純粋な思考という次元でいえば、空間がないということを考えることはじつは容易である。デカルトが普遍的懐疑によって遂行したように、外の空間をいっさい消すという思考は可能である。しかも、なにか物があっても空間はなくてよい。たとえば、自然数を空間的に並べて想像したところから、空間がなくなったと想定しても、べつだん自然数の秩序が崩壊するわけではない。いや、数ならそうかもしれないけれど、物体ならやっぱり空間がないとは考えられないのではないか、と反論されるかもしれない。しかし、その「物体」とはなんことだろうか。すなわちそれは、「空間的な物」という意味であろう。空間的な物があれば、空間を消せないのは当たり前である。だがそれにしても、なぜ物体はかならず空間的なのだろうか。——それが新たな問いである。

† 時間についての第二論証と孤立化の方法

思考と表象とを区別するのは無理筋のようである。ここは撤退するほかあるまい。実際、時間のほうの論証をみると、思考とか表象とかがそもそも話題になっていないことが分かる。時間の第二論証は空間の第二論証と同趣旨であるが、その第二文は「たしかにひとは、時間から現象を取り除くことはじゅうぶんにできるとしても、現象一般にかんして時間そのものを廃棄することはできない」（A31/B46）となっている。すなわちここでは、①

時間からの現象の取り除きの可能性と、②現象からの時間の廃棄の不可能性とが対比されている。もはやいうまでもなく、「取り除き」と「廃棄」との違いに拘泥する必要はない。つまり、時間的な現象のなかから、①現象の、あるいは②時間の、取り除きまたは廃棄が可能か否かというのが、ここでの決定実験なのである。

　空間の論証もこれに沿って理解されなければならない。すなわち、空間と対象について、どちらかが欠けた状態を考えられるか、というさきの思考実験は、実質的には、空間的な対象から、①対象を、あるいは②空間を廃棄しうるか、という意味なのである。

　このような除去や廃棄の方法は、じつはすでに感性論の冒頭で導入されていた手続きである。カントは経験的な感性的直観の対象を「現象」と名づけて導入したうえで、この現象から感覚的な要素を「分離する」（A20/B34）ことによって、「純粋な形式」だけを「孤立化させる」（A22/B36）ことに成功する。たとえばここにある机から、感覚的要素（色、手触り、重さ、など）を除いていく。こうして脱色していくと、最後にはなにもなくなる、のだろうか。そうではない。どこまで脱色していっても、そこに机の空間としての延長と形態が、いわば白地に描かれた輪郭線のように浮かびあがる、とカントはいう。

　そうはいっても、このような孤立化の方法はただちに得心がいくものではないだろう。カントは感性論に先立つ緒論のほぼ冒頭で、この孤立化の手続きに成功するためには、「長い訓練によって〔感覚などの〕付加物に注意を向け、それを分離することに熟達するようになる」（B2）ことが必要だと述べている。おそらく「長い訓練」というのはたんなる言葉の綾ではあるまい。『純粋理性批判』はカントが五十七歳のときの著作である。孤立化の方法は、一朝一夕の思いつきではなく、カントの長い哲学的遍歴のすえに定式化しえた思想なのである。読者のみなさんにも、目の前のものを脱色してみるという訓練に、まずは自ら取り組むことをお勧めしたい。

3　形式の孤立化か、空虚な容器か

† ニュートン的な空間・時間論か

お勧めしておいて悪いが、しかしいくら「長い訓練」を経たとしても、対象のない空間や現象を除去した時間のようなものを考えることは、本当にできるのだろうか。孤立化の方法に従って、現象から感覚的要素を削ぎ落としたあとに残るのは、中身をすっかり抜かれた蛻《もぬけ》の殻であり、なにもない、なにも起こらない空虚な空間と時間であろう。しかしこのように空虚な空間・時間を認めるのは、そもそもカントの感性論が論敵としていたはずの、ニュートン的な空間・時間論へと逆戻りすることにならないだろうか。

つづく感性論の「解明」でカントは、「数学的自然研究者の一派」、すなわちニュートン派は、「すべての現実的なものをみずからのうちに包括するためにだけ（たとえなにも現実的なものがないとしても）現に存在している、二つの永遠で無限な、それじしんで存立する不合理なもの（Unding）」（A39/B56）を想定しているのだ、と指摘している。ニュートンのように空間や時間を実体的に自存するものと考えるなら、たとえそのなかに世界が存在しなくても、空間と時間は永遠無限の実体として残るのであろう。これはまるで、中身はすかすかでも柄だけは立派な、無限大の容器を空想するようなものではないか、とカントは嘲笑してみせる。

しかしこのような空虚な空間・時間は、まさにカントが第二論証で「空間中にまったく対象が見出されない」という想定で考えていたものであろう。だとすればこの解明でのカントは、愚かにもほんの数ページ前に自分が書いたことを忘れて、ニュートンを嘲笑しているのだろうか。あるいは第二論証のカントは、すぐあとで自ら嘲笑することになる「不合理なもの」を、そのときはまだ不合理だとは気づかずに意気揚々と想定して語っていた、ということになるのだろうか。いずれにせよ不名誉な話であろう。

哲学のテクストは、一文一文をその全体のコンテクストから切り離して読むとき、矛盾しているようにみえることがある。「どんな哲学の論述でも、個々の箇所については、つつかれるものである」（B XLIV）とカントも開きなおっている。いま問題の感性論の箇所もやはりその一例である。もう一度整理してみよう。第二論証では、空間的・時間的な現象から感覚的な質料を脱色していったところに、空間・時間という純粋な形式が残る、という。解明のニュートン論では、世界がなくても残存する巨大な容器という考え方が嘲笑されている。ここで大事なのは、この二つのテクストが置かれている前後のコンテクストである。久保元彦の透徹した解釈をふまえつつ、再構成してみよう[6]。

† コンテクストをふまえて読む

第二論証にはもちろん第一論証が先行している。空間についていえば、その第一論証では、空間とは私から外へと開かれる形式である、と論じられる（A23/B38）。第二論証はこれにつづいて、その「空間中にまったく対象が見出されないということをじゅうぶんに考えることができる」と想定する。さきの「孤立化の方法」を考えあわせるとき、これが意味するのは、私から開かれる空間的体験から感覚的なものを除去して、空間という形式だけを孤立化させる、という手続きであることが分かる。

私の外には、私を原点として、その上下左右の諸方向に、空間的な座標系が広がっている。その座標系のなかに、具体的な物体的対象が見出されないと考えることは、（長い訓練が必要かもしれないが）十分に可能である。しかしそのときにも、空間という座標系の機能が停止しているわけではない。なにか対象が現われれば、私はそれをただちに空間的に位置づけることができるからである。

時間についても同様である。つぎつぎと継起し、未来のものが現在化しては過ぎ去ってゆくという世界の時間的な流れのなかから、個々の出来事を一つ一つ除去する。すると最後には、なにも出来事がなくても、継起的な変化として受けとるという私の形式だけが潜在的に機能することになる。なにも起こらない空虚な時間のなかで、つぎつぎと私の先を後へと送りながら、私は出来事をまっている。そこに現実的なものが入ってくれば、それは出来事としてただちに生起してきて、私をとおって過ぎ去ってゆくであろう。このように、空間と時間とは、私から広がる形式、私をとおって流れる形式だという考え方が、第二論証では示されている。

他方で解明のほうは、その前のところで「空間と時間の絶対的実在性を主張するひとびと」(A39/B56)が槍玉にあげられ、この絶対的実在性論のうち、ライプニッツ的な関係説と、ニュートン的な実体説とが区別されたうえで、後者の実体説の不合理が暴かれる、という文脈である。ここでは私を基点とする形式は端《はな》から眼中になく、空間や時間はモナドの関係から成立するのか、そもそも自存的実体なのか、という問いが設定されている。いずれにせよ、私とは切り離された物(すなわち「物自体」)についての話である。そういう物自体として自存する空間や時間であれば、たとえ世界などなくても、容器として立派に残ることになるだろう。

それゆえ、どちらも等しく空虚な空間・時間であるようにみえるかもしれないが、しかしその「空虚さ」の意味はまるで違う。第二論証で空間・時間が空虚なのは、空間的・時間的な現象から感覚的内容を除去したあとでも、位置づけや変化の形式は純粋に働いているからである。解明の空間・時間が空虚なのは、もともと入っていた中身が抜かれて、容器だけが空っぽで取り残されているからである。

† 絶対空間中の世界運動

この空虚な無限空間は、ずっとあとの、第一アンチノミーでも再登場する。そこでは、ニュートンのいう「絶対空間」を想定すれば、その無限空間のなかで有限の世界が「運動あるいは静止」することになるが、これは不合理だとされる。

（……）経験的な直観は現象と空間から（……）合成されているのではない。一方は他方の総合の相関者であるのではなく、ひとつの同じ経験的な直観において、直観の質料と形式として結合しているにすぎない。ふたつの部分のうちの一方を他方の外に（すなわち空間をあらゆる現象の外に）定立しようとするなら、そこから外的な直観にかんする、ありとあらゆる空虚な規定（……）が生じる。たとえば、無限な空虚な空間のなかでの世界の運動あるいは静止である。（……）（A431/B459n.）

ここで注目すべきは、絶対空間中の世界運動のような不合理を導いてしまう大元の考え方が、じつに正確に分析されていることである。一方では、「経験的な直観」を出発点として、その質料・形式の「結合」状態から作業を始めて、感覚的な質料を除去して、空間という形式へと辿りつくという考え方がある。しかし他方では、現象と空間とを二つの部分とみなし、その二つのパーツを「総合」して現象を組み立てるという考え方がある。後者の考え方に立てば、現象と空間とはもともと別のパーツだから、二つを別々に置くことができるはずである。その最たるものが、「無限な空虚な空間」をまず置いて、そのなかに有限な「世界」を浮かべて、その「運動あるいは静止」を想像することである。経験的な直観から空間・時間を孤立化しようと試みるときには、こんな話には絶対にならない。体験される世界を脱色して、空間・時間の骨組みだけを浮き彫りにすることが課題であれば、その世界の外の空間や時間などもともと眼中にないからである。

4　現象の可能性の条件へ

†相対的な必然性

以上の方法論的な警告は、②のほうの、空間がないことを表象しえない、あるいは時間を廃棄することはできない、という議論をあやまたずに理解するためにも大切である。すでにふれたように、じつのところ無空間的な世界のありかたは考えることができる。超時間的な永遠の世界秩序も、宗教的に憧憬されるぐらいだから、考えられなくはないのだろう。さらにいえば、この世界もろとも空間や時間もいっさいない、という思考実験もまた可能であるように思われる。

それだから、空間や時間は「神」とは違う。伝統的に神は、かならず存在するものであり、存在しないとは絶対に考えることができない、と信じられてきた。言い換えれば、神は端的に「絶対的に必然的なもの」だとみなされてきた。これに対して空間や時間は、神のように必然的であるわけではない。ただし、感性的な直観によって世界が現象としてわれわれに与えられている場合には、話は別である。その現象の与えられ方からは、空間や時間という形式を切り離すことができない。すなわちカントがここで不可能だと指摘しているのは、空間や時間の非存在そのものではなく、空間的・時間的な現象から空間・時間を廃棄するという手続きなのである。言い換えれば、空間や時間は、現象からは廃棄しえないもの、現象に対して「相対的に必然的なもの」である。

時間の第二論証をよく読めば、カントは「現象一般にかんして時間そのものを廃棄することはできない」といって、すでに時間の必然性について「現象一般」という相対性の要件を明示していた。空間についても、「空間は、すべての外的な直観の根底にある、アプリオリで必然的な表象である」という第一文につづいて、「空間がないということを表象することはできない」という第二文が来る。このコンテクストをよくみるなら、それが意味するのは、外的な現象の根底にその形式としてある空間を、その外的な現象から引き抜いて、無空間化された現象を考えることはできない、という意味であることが分かる。第一文の「必然的」はそれゆえ、外的な現象に対して相対的に必然的、という意味である。

† 現象の可能性の条件へと分析する

それでは、なぜカントは「現象一般にかんして」空間・時間を廃棄しえないと主張するのだろうか。カントの考えは、空間の論証の「現象の可能性の条件」というフレーズにこめられているように思われる。さきにもみたように、現象から感覚的な質料を廃棄することは可能であり、その後には形式としての空間と時間が残る。しかし逆に、現象から形式のほうを引き抜くわけにはいかない。その形式は、現象が与えられうるための条件だからである。空間と時間を廃棄したとき、いわば骨抜きにされた現象がだらしなく広がり、はかなく移ろう、というわけではないのである。

だが、感覚的質料と空間・時間の形式との合成体として現象を捉えているかぎり、カントの言い分はどうにも理解しがたいものだろう。合成体であれば、一方を抜けば他方が残るはずだからである。仮に質料的な事物も空間・時間の形式も物自体のように自存するパーツであれば、それらのうち一つを外すことは可能であろう。もちろんその後には、「不合理なもの」（＝事物を欠く空間・時間）か「未知のもの」（＝空間・時間をこえる物自体）が残ることになろうが、ともかく一方だけを残して考えることはできる。

それだからカントのテクストを理解するには、部分から合成されたものを、ふたたび分解するように考えてはならない。空間的・時間的に与えられている、われわれの現象の体験からスタートして、そこから何を廃棄しうるのか、という方向で考えなければならない。この方向で進めるとき、じつのところわれわれは、時間・空間を廃棄したあとの現象というものを考えることなどできないのである。仮に考えたとすれば、そこにあるのは闇雲な感覚の堆積や羅列であろう。しかしそれをよくみてほしいが、その堆積なり羅列なりは、持続しつつ流れ、外に広がっているのではないだろうか。広がらず、続かないセンス・データ、あるいは非時空的な感覚質なるものを、われわれの感性的な経験から分離して孤立的に取り出すことは、できそうでいて、じつはできない操作なのである。なぜできないのか。感性的直観の対象として現象は、空間・時間という形式を根源的にその可能性の条件として組みこんで成立するからだ、というのがカントの答えである。

方法論での訓練章（cf. A713/B741ff.）が教えるように、哲学と数学は、探究の順序に関して真逆の道をゆく。数学は、定義によって数学的な対象を「構成（＝作図）」して、そこから定理を証明する。すなわち総合的な順序で組み立て式に進むわけである。これに対して哲学は、定義からではなく、いますでにこのように与えられている、この経験から出発する。この経験は究極的にはどこから来て、どこに行くのか、なにも知らないまま、私はこうして生きている。哲学の課題は、このような経験を可能なかぎり分析することで、経験の可能性の条件を孤立的に取り出すことであり、そのようにしてこの生を見通しの効くものにすることである。もちろん、この分析的な努力はとうてい底までは辿りつかず、それゆえ結局われわれは見通しの悪い事実性のなかで生きるほかない。このほの暗い不安定さを忌避して、経験の究極の構成原理を考え、そこから経験を組み立てようとするとき、われわれは誤謬に陥るのである。

このようなカントの思考は、アリストテレス式の実体＋属性モデルとは、すでに決定的に異なっている。実体と属性の存在論では、まず実体が先行してあり、その後に属性が付け加わることになる。しかし、空間や時間が経験の可能性の条件であるというのは、空間や時間という実体が、現象という属性の根底に存しているからなのではない。空間や時間は、経験的な現象から廃棄しえない形式であるという意味で、経験に先立ってアプリオリである。しかしそれは、あとから現象と組み合わせて経験を構成するために、空間や時間があらかじめアプリオリに実体として存在している、ということではない。

† 無人の宇宙と探究の道

最後に、ここまでの議論に対して予想される質問に答えておこう。まず、それなら人間がいなければ空間や時間はないのか、という質問がよくある。たしかに、空間と時間がわれわれ人間の感性的な直観の形式であるとするなら、その人間が誕生する以前の宇宙は、あるいは人間が絶滅したあとに残る宇宙は、空間も時間もない宇宙であろう。しかしこれは、無空間・無時間は不可能だという第二論証の②に反する。それに、人間が誕生したらいきなり宇宙が空間化して時間的に流れ始めるとか、逆に人間が絶滅したら宇宙空間は消えて時間も止まるなど、どう考えても馬鹿げているだろう。

しかしながら、私は疑うのであるが、このような無人宇宙を想定するとき、その宇宙にはすくなくとも一人、そのような哲学的な想定をして、実際に無人であることを観察している哲学者（あなたのことです）がいるのではないだろうか。そのような哲学者がいれば、当然ながら、そこから宇宙に空間と時間が開かれてしまう。だとすれば、この哲学者を消してみよう（その無人宇宙からあなたも消えてください）。すると宇宙はどうなっているだろうか。それは当然ながら、だれにも分からない。だとするなら、やはりわれわれが知りうるかぎり、この世界はかならず空間的・時間的であり、その形式を取り除くことはできない、という結論になるだろう。

あるいは逆に、世界から空間や時間を取り除くことはできるはずだ、と頑張るひともいるかもしれない。ここでは時間だけをみよう。世界から時間を抜いてみる。それはたとえば全宇宙が絶対零度で静止したような状況だろうか。しかし宇宙がそんなふうに静止しているなら、その宇宙が静止しつづけている時間があるだろう。そこにはおそらくまた哲学者がいて、「見事に静止しているなあ」と思っているわけだろう。しかしそのような哲学者の思考が動いているなら、宇宙は完全には停止していない。そこで、その哲学者の思考も止めてみよう。すると、いったい誰が宇宙全体の完全なる静止を見届けるというのであろうか。

カント哲学の出発点はわれわれの経験である。カントの感性論は、この感性的直観に含まれる形式的条件を孤立的に取り出して、解明するという作業である。もちろん無人の状態から経験の分析を始めることはできない。われわれの分析はこの有人の世界から、私がここで経験している世界から始めるほかない。それゆえ、だれにも経験しえない人跡未踏の世界を想定して、そのあるがままの姿から出発しようとするのは、初手から間違っているのである。空間と時間をこえた物自体の世界が不可知であるのは、それが人知をこえているからではなく、哲学的な探究の道から外れているからである。

（1） B・スネル『精神の発見――ギリシアにおけるヨーロッパ的思考の発生に関する研究』（第三版、一九五五年）新井靖一訳（創文社、一九七四年）第一章「ホーメロスにおける人間把握」。
（2） 以下『純粋理性批判』は、一七八一年の第一版をA、一七八七年の第二版をBとしてページ数を本文中に記す。邦訳としては、高峯一愚訳（河出書房新社、一九六五年）、原佑訳（補訂版、平凡社ライブラリー、全三巻、二〇〇五年）、熊野純彦訳（作品社、二〇一二年）などがお勧めできる。
（3） 空間の第一論証については、拙論「カントの空間論・序説――身体・開闢・感情」（栗原隆編『形と空間のなかの私』東北大学出版会、二〇〇八年）で論じた。
（4） G・マルチン『カント――存在論および科学論』（一九五一年）門脇卓爾訳（岩波書店、一九六二年）四三頁以下。
（5） 『アリストテレス全集3　自然学』出隆・岩崎允胤訳（岩波書店、一九六八年）一二二頁。

（6）久保元彦「形式としての空間——「超越論的感性論」第二節、第一および第二論証の検討」『カント研究』（創文社、一九八七年）三八‐五八頁。

第七章　イエスの原風景とイエスの物語
——遠藤周作『死海のほとり』における巡礼の旅——

堀　竜一

1　はじめに
——「信仰告白」と物語——

日本近・現代の小説家遠藤周作（一九二三－一九九六年）はカトリック作家と目されている。遠藤の文学は遠藤自身の信仰を証するもの、いわば遠藤の「信仰告白」であると、しばしば言われてきた。しかし「信仰告白」というのであれば、何も小説という物語形式を取る必要はないだろう。一方で、イエスの生涯・言行を記録する「福音書」自体、物語形式である。多義的な言語構造物である物語は「信仰」を語ることができるのだろうか。また一方、「読者」の面から考えてみると、遠藤のキリスト教文学はキリスト教徒にしか理解できないものなのだろうか。

本章では、遠藤周作の長篇小説『死海のほとり』という興味深いテクストを取り上げ、小説という物語表現と宗教との関わり、物語のもつ力について考察してみたい。

2　〈巡礼の旅〉の物語

†　巡礼の目的

『死海のほとり』は二つの異なる物語系列から構成されている。全十三章のうち七章の奇数章が〈巡礼〉と題された物語系列であり、残り六章の偶数章が〈群像の一人〉と題された物語系列である。〈巡礼〉の物語系列は物語の現在時であり、現代が舞台である。エルサレムを訪れた作家の「私」はかつての友人・戸田の案内で、イエスの足跡を求めてエルサレムやイスラエルの各地を旅して回る。〈群像の一人〉の物語系列は、二千年ほど前のイスラエルとエルサレムが舞台である。イエスに付き従う弟子たちや、イエスと何らかの形で関わり合った者たちの目を通してイエスの姿が描かれる。

〈巡礼〉の物語系列で「私」は、友人・戸田とともに旅をする。しかし、その二人の旅は章の標題にあるとおり「巡礼」と呼ぶに値するのだろうか。「巡礼」の辞書的定義は以下のとおりである。「**じゅんれい**【巡礼・順礼】聖地・霊場を参拝してまわること。キリスト教徒のパレスチナ巡礼、イスラム教徒のメッカ巡礼、日本では西国巡礼・四国巡礼・三塔巡礼・千箇寺参りの類」。また、「**せいちじゅんぱい**【聖地巡拝】宗教上の義務観念によって、または加護・恩恵を求める目的で、聖地または本山所在地を順次に参拝すること。札所の巡礼、イスラム教徒のメッカ巡礼、キリスト教徒のパレスチナ巡礼の類」(『広辞苑』第六版)。「私」の旅は、ひとまず「キリスト教徒のパレスチナ巡礼」と言えなくはない。しかし「私」に「宗教上の義務観念によって、または加護・恩恵を求める目的で」といった積極的、あるいは明確な動機を認めることは難しい。エルサレムを巡礼または観光する欧米人たちに交じって、「福音書」に記されたイエスの跡を辿りながら「私」が見出して行くのは、歴史学的・考古学的には根拠の薄い、観光地化された「聖地」なのである。そもそも、「私」はなぜ単身、はるばるエルサレムまでやって来たのだろうか。

† 巡礼と母親の眼

ここで簡単に『死海のほとり』の成立過程を辿ってみることにしよう。まず〈群像の一人〉の各章（偶数章）が一九七一年一月から一九七三年一月にかけて文芸誌などに発表される。それら既発表作をはさみこむようにして、〈巡礼〉の各章（奇数章）が書き下ろされ、単行本『死海のほとり』が一九七三年六月、新潮社から刊行される。しかし、書き下ろしとは言うものの、〈巡礼〉の各章には何篇か先行の原型的短篇小説が存在する。「ガリラヤの春」（『群像』一九六九・一〇、初出題「ガリレヤの春」）と「巡礼」（『群像』一九七〇・一〇）とはそのうちの二篇である。(1)

『死海のほとり』〈巡礼〉の物語系列の「私」と同様、「ガリラヤの春」の「私」もまた四十歳を過ぎた人物である。ここでは「私」は、単身でなく妻とともに三月のエルサレムを訪れる。「やっと……来ましたな」と、「私」は死んだ母に話しかけるように繰り返す。母は生前、この聖都に来たがっていたのである。「私」は妻とエルサレムの街を歩きながら、母の面影を思い浮かべると同時に、母と「私」とが洗礼を受けた夙川の教会の主任司祭で、戦争中、敵性外人として収容所に入れられたミュラン神父のことをふと思い出す。

この短篇小説では二人の人物の眼や眼差しが重要な役割を果たしている。一つの眼は、教会での告解の際、中学三年生の「私」が偽り隠している醜い「本当の私・私の本体」をじっと見つめているかのように感じられた神父の葡萄色の眼である。もう一つの眼は、青年になって、自分は基督教をもう信じられないと告白した「私」を、涙をいっぱいたたえてじっと見つめた母の眼である。「私」はエルサレムの街を歩き回りながら、その二つの眼を通して自分の心のなかを見つめ、年齢に応じて自分の意識の裏側にべっとりとひそんできた「最後の晩餐の時のユダの心理」に思い至る。

イエスを「売る」ユダに自分を重ね合わせるというモチーフは、『沈黙』（新潮社、一九六六・三）以前から遠藤周作文学に一貫する重要なモチーフである。そのモチーフが、この作品にも流れこんでいる。しかし、それ以上に、母親の眼のモチーフがこの作品では前景化し、基督教を棄てると告白した「私」を見つめる母親の眼は、さらにイエスの眼・眼差しと重ね合わされる。「ガリラヤの春」の「私」は、エルサレムのカヤパの邸跡と称される場所を訪れた際、「主はふりむいてペトロを見つめられた」という短い言葉を思い出す。この言葉は、「福音書」の「ペトロの否み」の場面で、ペトロがイエスを三度否認するやいなや鶏が啼き、「主は、振り返ってペトロを見つめた」とする記述を指しているが、作中で「私」が語るとおり、「福音書」のなかでも「ルカ」にのみみられる記述である（「ルカ」二二―61）。「私」は四十歳をすぎてから聖書のなかのこの場面に心ひかれだし、特にこの一行の描写が好きになったという。「私」の心のなかで、このイエスの眼差しは母親の眼差しと重なる。

「ガリラヤの春」の「私」は、旅の最後に、母旧蔵の古ぼけた聖書を手に、イエスが山上の説教をした場所とされるガリラヤのカペナウム近くの丘を訪れる。母の聖書の山上の説教の箇所には、傍線が引っ張られ、赤鉛筆で丸がつけられていたのである。「私」はそこで、イエスの眼差しと母親の眼差しとを重ね合わせ、ある種の贖罪の思いを抱くに至ったのではないだろうか。

母親の眼＝イエスの眼のモチーフは、『死海のほとり』では、いくつかの別の文脈に配置される。母親の眼のモチーフは、〈群像の一人〉の章のなかでももっとも早く書かれた〈Ⅷ　知事〉（『新潮』一九七一・一）にのみ登場する。知事（総督）ピラトは、出世のために母親を見棄て、そのことに苦しむ小心な人物として描かれる。ピラトは意識の奥底でいつも、哀しそうな眼で自分を見つめる母親の眼差しを感じている。自分の前に連れて来られた「あの男」(イエス)からも同じ眼差し・哀しげな表情を感じるが、ピラトは母親を見棄てたように、「あの男」をも見棄てる。

イエスの眼のモチーフは、〈群像の一人〉の章〈Ⅳ アルパヨ〉(『新潮』一九七一・七)の「ペトロの否認」に相当する場面に戻される。しかしこの章では、大祭司カヤパの邸の回廊で「あの人」(イエス)を否認するのは、「福音書」とは異なり、シメオンとアルパヨの二人の弟子である。「あの人はたちどまり、あの眼で――シメオンがそれを見るのが辛いと言った眼で、二人を見つめた」。〈Ⅷ 知事〉の半年後に発表の〈Ⅳ アルパヨ〉では、母親の眼のモチーフは姿を消し、〈巡礼〉の物語系列ではほとんど痕跡を留めていない。

また、「ペトロの否認」の場面でのイエスの眼は、〈巡礼〉の物語系列の〈ⅩⅢ ふたたびエルサレム〉でも、こちらは「福音書」に忠実に描かれる。〈巡礼〉の物語系列と〈群像の一人〉の物語系列はこの「ペトロの否認」のイエスの眼のモチーフで重なり合いながら、しかも差異を生み出している。この点は注目に値するが、後に二つの物語系列の関係性を考察する際に取り上げる。

† 二つの巡礼

次に、『死海のほとり』の〈巡礼〉の物語系列のもう一つの原型的短篇小説である「巡礼」を見てみよう。こちらは、「ガリラヤの春」のちょうど一年後の作品であり、〈Ⅷ 知事〉のほんの三か月前の作品である。「巡礼」の主人公は小説家の矢代である。ローマからイスラエルに向かう機中、矢代は二人の日本人と一緒になる。農場視察に向かう中年男と、日本から来た聖地巡礼団に合流する基督教大学のスピッツのような顔の学生の二人である。矢代は聖地を何度訪れても、神についていっこうに確信がつかめないが、基督教の信仰を棄てることもできない。エルサレムの街を歩きながら、矢代は痩せこけた哀れな男（イエス）の姿を思い浮かべ、その痩せた哀れな男が自分の人生に勝手に紛れこんできたことを回想する。
基督教を棄てようとして棄てられない矢代もまた、「ガリラヤの春」の「私」同様、「自分を悲しげにじっと見つめる母の眼」を感じる。しかし、ここでは母親の存在・眼は背後に退き、母親や「ガリラヤの春」のミュラン神父以上に、はっきりと矢代と対立して登場して来るのは、巡礼団のリーダー、神学大学教授の西尾先生である。信仰や人生について確実なものが一つもなく、劣等感にみちたものしか感じられず、痩せた哀れな師を見棄てた弟子たちに自分を重ね合わせる矢代に対し、西尾先生の巡礼団は学問的に確かなものだけを巡って歩いているという。この二人は、〈不確かな巡礼の旅〉と〈確かな巡礼の旅〉という非常に対照的な〈巡礼の旅〉をしていると言える。不確かなまま矢代の旅は終わる。しかし、旅の最後に矢代の探究は一つの「確かなこと」に突き当たる。

だが、哀れな師が死んだ後、威嚇するようなあの城壁から突き落されてもなお信念を変えなくなった彼等の変りようになると、矢代は遠い異国の街の絵葉書を見るようなぼんやりとした気持になる。どうして臆病者がそうなれたのだろう。確かなことはあの痩せた哀れな男は死んだあとさえ弟子たちの人生に紛れこみ、つきまとったことだ。少年時代、夾竹桃の花の咲く教会で矢代の人生に彼が紛れこんでから、どうしても離れてくれなかったように……。

「確かなこと」とは「あの痩せた哀れな男は死んだあとさえ弟子たちの人生に紛れこみ、つきまとったこと」である。そのことが「臆病者」の弟子たちを「信念を変えなくな」るほどにも変貌させたというのだろう。イエスに「つきまとわれる」・「人生に紛れこまれる」という消極的・受身的なイエスとの関わり方は、矢代の〈不確かな巡礼の旅〉の動機とも結びついている。〈不確かな巡礼の旅〉の果てに矢代はそのような消極的・受身的な関係性を確認する。この関係性は『死海のほとり』の〈群像の一人〉の物語系列では、イエスにその人生を横切られる、イエスにその人生に痕跡を印されるという受身的な関係性として表現されることになる。

† イエスの非神話化

短篇「巡礼」の矢代と西尾先生との対照的な関係、対照的な〈巡礼の旅〉は、そのまま『死海のほとり』〈巡礼〉の物語系列に引き継がれるが、〈巡礼〉の物語系列では三人の異なる立場が構造化される。

教会にも行かなくなり、信仰のほとんど薄れてしまった「私」がはるばるエルサレムまでやって来た動機は、短篇「巡礼」の矢代の場合以上に不明確である。小さいときに親から一つの宗教を選ばされたということが心の重荷となり、幾度も棄てようしたが、棄てたあとの自分に自信がもてず、その矛盾に今度は決着をつけてみようという心が働いたためかもしれないと、旅の動機を戸田に尋ねられた「私」は考えるが、それも確かではない。「私」は、戸田の導きでエルサレムの旧市街を歩くにつれ、イエスの痕跡が残っているとしても、それは考古学でいう「テル」(都市の建築と崩壊が繰り返され、厚く地層が堆積し丘陵状態をなす廃墟)のはるか下であることを知り、次第に心のなかのイエス像が崩れて行くのを感じる。「私」の歩みは、イエスの死後伝説化・神話化されたイエス像を非神話化する旅、神話化の起源前の「事実のイエス」・「本当のイエスの姿」を求める旅である。その「私」は〈巡礼〉の物語系列の〈IX　ガリラヤの湖〉で、日本からやって来た巡礼団(巡礼客)とそのリーダーである熊本牧師に出会う。

イエスの足跡を辿りながらも、『聖書』のイエス、イエスの奇蹟を素直に信じられないという「私」に、熊本牧師は言う。「巡礼というのは素直に聖書の跡を歩くこと」だと。実際、熊本牧師たち一行は、「福音書」の一節を思い浮かべながらガリラヤ湖畔や山上の垂訓の場所等を辿る。その姿を見て「私」は、「人はすべて聖地を巡礼するのに、我々だけがこの夜イエスを見棄てた町の廃墟に向っている」と思う。

熊本牧師と「私」・戸田との対比は、両者のイエス像の対比を明瞭に浮かび上がらせる。熊本牧師のイエス像・『聖書』は、信仰のイエスであり、奇蹟を起こすイエス・力あるイエスである。熊本牧師たちは、「福音書」のなかでも「奇蹟物語」に関わる聖地を「巡礼」して歩く。一方、「私」・戸田のイエス像、「事実のイエス」・「本当のイエスの姿」は、奇蹟を起こさない弱い・無力なイエス像である。熊本牧師からは、「私」のイエス理解は「イエスを卑小化して知識として摑んどるだけ」と言われ、聖書学者である戸田の論文は、「今の聖書学者は自分の足を食う章魚《たこ》」と批判される(2)。

短篇「ガリラヤの春」の「私」は母への愛着を胸に、母が愛した「福音書」の「奇蹟物語」に関わる地を巡り、最後にガリラヤの山上の説教の丘を訪れる。この旅は、『死海のほとり』〈巡礼〉の物語系列では、熊本牧師たち巡礼団の旅に割り当てられる。一方、短篇「巡礼」の西尾先生たちの確かなものだけを巡って歩くという旅は、「私」・戸田の「事実のイエス」・「本当のイエスの姿」を求める旅へと割り当てられる。しかし「私」・戸田は、「事実のイエス」・「本当のイエスの姿」を求めて旅をするにつれ、信仰からますます遠ざかって行く。そこで立ち現われてくるのが、弱い・無力なイエスの姿とイエス死後の弟子たちの姿なのである。

3　二つの物語系列と作中作「十三番目の弟子」

†　二つの物語系列

「私」は戸田との旅のなかで、次第に弱い・無力なイエスの姿を見出し、一方で、かつて大学にいた修道士で、ねずみと渾名されたコバルスキのことを思い出す。また一方で、自分の未完の原稿「十三番目の弟子」のことをしきりに（十二回ほど）思い浮かべる。数年前に書き始めて、引出しの奥にしまいこんだままになっている原稿「十三番の弟子」は、イエスとその弟子の一人のことを書こうとした小説である。その弟子の主人公は「歯の欠けた嘘つき」で「弱虫」であり、その人物像は「自分の分身」だという。旅の途中で、その人物像は次第にねずみとも重なり、弱い・無力なイエス像とも重なって行く。

原稿「十三番目の弟子」は作中作であり、『死海のほとり』の作品世界を考える上で、きわめて象徴的なテクストである。ここでまず、『死海のほとり』を構成する二つの物語系列、〈巡礼〉と〈群像の一人〉の関係について考えてみることにしよう。

従来、この二つの物語系列の関係性の問題も含めて、『死海のほとり』の構成については、音楽の比喩で論じられることが多い。佐藤泰正は作品の独創性を「巧みに構成されつくした構成の妙」にあるとし、その構成を「一種の対位法的旋律をもって展開されてゆく」と評している[3]。上総英郎も作品の「構成それ自体に野心的意図」がこめられているとし、具体的にブルガーコフ『巨匠とマルガリータ』、フォークナー『野生の棕櫚』、A・ハックスレー『恋愛双曲線』、サルトル『自由への道』第二部「猶予」、ドス・パソス『U・S・A』といった作品を列挙しつつ、『死海のほとり』をそれら「二十世紀小説の手法的実験」に連なると位置づけている。また、作品世界の広がりを「交響楽的」にはなれなかったが、「五重奏曲の深みに達している」としている[4]。これらの評価は、『死海のほとり』の二つの物語系列の関係性を「対位法」の比喩で語っている。

山形和美は、上総英郎同様、フォークナーの『野生の棕櫚』を引き合いに出しつつも、『野生の棕櫚』の二つの独立した系列の物語が、相互に「一切関係がない」のに対し、『死海のほとり』の二つの物語系列は「相互的複合構造」であり、「独立した二つの物語の各章が互いに牽引力を秘めている」と、構成の重要性を読者論的視点から指摘する。[5] 一方、石丸晶子は『死海のほとり』の二つ物語系列の関係を「現代小説〈巡礼〉の間々に、イエス時代の〈群像の一人〉が入れ子式に、あるいはモザイク的に挿入されている」と捉える。[6]

「対位法」とは西洋の多声音楽に由来する作曲技法のことである。たしかに、二つの物語系列は異なった声でそれぞれの物語系列を語っている。では、二つの異なる声はどのような声で、どのような多声的（ポリフォニック）な構造を生み出していると考えたらよいのだろうか（構成を「モザイク的」とする捉え方は、対位法的な捉え方に近いだろう）。一方、構成を「入れ子」と考えるのであれば、〈巡礼〉の物語系列という大きな物語のなかに〈群像の一人〉の物語系列という小さな物語がはめこまれていると考えることになるだろう。このことは、〈群像の一人〉の物語系列が誰の語りなのか、さらにはそこで描かれるイエス像とは一体何なのかを考えることにつながる。

†「福音書」の弟子と〈群像の一人〉の弟子

「私」の構想した作中作「十三番目の弟子」の「弟子」とはどのような「弟子」なのであろうか。「福音書」にはイエスの弟子で、イエスによって福音伝道の担い手として選ばれた十二使徒が記されている。「マルコ」（三13–19）、「マタイ」（一〇1–4）、「ルカ」（六12–16）の「十二人の選び」と称される箇所によれば、十二使徒は、ペトロ（シモン）、アンデレ、ゼベダイの子ヤコブ、ヨハネ、フィリポ、バルトロマイ、トマス、マタイ、アルファの子ヤコブ、タダイ（「ルカ」ではヤコブの子ユダ）、熱心党のシモン、イスカリオテのユダである。「十三番目の弟子」とはこの十二使徒に次いで、福音伝道に携わる弟子ということなのだろうか。もちろん、「十三番目の弟子」の主人公が「小狡《こずる》い嘘つきの、ぐうたらな男」、「歯の欠けた嘘つきの弱虫男」という以上、そうではあるまい。彼は弟子の仲間入りをする資格などないにもかかわらず、イエスから離れようとせず、いつまでもイエスにつきまとう人物なのであろうか。

一方、〈群像の一人〉の物語系列はイエスの姿とともに、イエスに従う弟子の姿を描き出して行く。〈Ⅳ　アルパヨ〉の章のあたりから物語世界は「福音書」の〈受難物語〉の場面と重なるが、特に弟子たちの登場人物名や役割・行動などの点でずれが生じている。このずれは何を意味するのであろうか。

アンドレアは、「福音書」では十二使徒の一人であるが、〈群像の一人〉の〈Ⅱ　奇蹟を待つ男〉ではマグダラの部落に住む網元で、死んだ自分の子をイエスが蘇らせてくれないことに失望する。その後、イエスの布教活動に加わることもなく、エルサレムでのイエスの死を噂で聞くだけである。

〈Ⅳ　アルパヨ〉には、イエスの布教に従いながらも、次第にイエスを見棄て、離れて行く弟子たちの姿が描かれている。エルサレムを間近にして、最後までイエスに従って来た弟子たちは十人とされ、具体的に名前が記されているのは、タダイ、ピリポ、シメオン、アルパヨの四人である。タダイとピリポは「福音書」にも記されている十二使徒である。シメオンは「シモン・ペトロ」のことと考えられるが、イエスを見棄てた後も、アルパヨとともにイエスの後を追い、〈Ⅻ　百卒長〉でイエスがエルサレムで捕らえられた後、イエスを否認する。

アルパヨは〈Ⅳ　アルパヨ〉で、熱病にかかり、家族からも見放され、ガリラヤ湖の岸近くの小屋で死を待っていたところ、イエスに看病され、一命をとりとめたとして、イエスの布教活動に従うことになる。アルパヨはその後、ほかの弟子同様、無力なイエスを見棄てるが、遠くからイエスの後を追い、〈Ⅻ　百卒長〉ではイエスの十字架上での最期を見届ける。その点で、アルパヨは最後までイエスに従った唯一の弟子と言えるかもしれないが、「福音書」ではアルパヨは十二使徒でなく、十二使徒の一人アルファァの子ヤコブの、そのアルファァ（アルパヨ）なのである。

† 入れ子としての「十三番目の弟子」

「十三番目の弟子」は二つの物語系列を媒介するテクストと考えられる。〈巡礼〉の物語系列の〈Ⅸ　ガリラヤの湖〉のなかに興味深いテクストがある。先にみたとおり、〈Ⅸ　ガリラヤの湖〉は、「私」が熊本牧師と日本からの巡礼団とに出会い、ガリラヤ湖の周辺を共に巡る章である。山上の垂訓の山の上で、巡礼団が「福音書」の山上の垂訓の箇所（「マタイ」五1）を朗読するのを聞きながら、「私」は「自分の「十三番目の弟子」の原稿を書き続ける時がきたら、この湖畔でのイエスの姿をどう摑《つか》もうかとぼんやり考え」る。テクストはこれに続けて、西暦三〇年の秋からガリラヤ湖畔のみすぼらしい町や貧しい部落で布教するイエスの姿を描写する。山上の垂訓の言葉を語るイエス、湖畔の人びとのイエスへの期待、サドカイ派やパリサイ派の教師《ラビ》たちの策略、無力なイエス、イエスを見棄てて去って行く弟子たちと、簡潔に描写されて行く。「十三番目の弟子」の物語はここから始まり、主人公はその後、「イエスのうしろから絶えず不平を呟きながらこの荒野を歩」（〈Ⅴ　死海のほとり〉）き、「イエスと一緒にこんなエルサレムのなかを歩きまわ」（〈Ⅲ　ユダヤ人虐殺記念館〉）り、遂には「イエスに不安を感じ、自信のなさから逃げだ」（〈Ⅸ　ガリラヤの湖〉）すという物語展開のテクストへと生成して行く可能性が示されている。「背も低く、年よりはひどくふけて疲れきった顔は瘦《や》せこけて、くぼんだ眼にはいつも悲しげな光」をたたえるイエス、「現実には無力」で「結局、愛しか語っておらぬ」イエスの姿を語る〈Ⅸ　ガリラヤの湖〉のテクストの声は、〈群像の一人〉の物語系列を語る声と非常に同質的である。二つの物語系列は入れ子をなしていて、〈巡礼〉の物語系列の作家「私」が、〈群像の一人〉の物語系列を語っているのだとすれば、それはどのような時点で、どのような動機、どのような声（語り口）よって語っているのだろうか。

4　受難と悲劇的感性

† アリストテレスの悲劇論と受難物語

新約聖書学者の佐藤研はアリストテレス『詩学』の悲劇論に依拠しながら、原始キリスト教における「悲劇」・「悲劇的なるもの」・「悲劇性」の問題を考察している[7]。佐藤の整理に従って、アリストテレスの悲劇論を簡単にみておきたい。アリストテレスはギリシア悲劇に必須の構成要素として、（一）筋、（二）性格、（三）思想、（四）措辞・語法、（五）視覚、（六）音楽を上げる。このなかでもっとも重要な要素は、（一）筋である。これは「諸々の出来事の組立て」であり、これこそが悲劇の「目的」、「第一原理であり魂」である。

筋の要素としては次の三つが考えられる。（一）「逆転」、（二）「認知」、（三）「苦難」。これらに基づき悲劇的文学作品を構成論的要素（表現面）から定義すると、「主人公の運命の「逆転」、主人公によるその「認知」、そしてそれに伴う主人公の「苦難」という要素をその筋構成の中核に持つ、一連の完結した作品」ということになる。受容論的要素（受容面）から定義すると、「読者・観客が、主人公に基本的に共鳴することにより、「恐怖」と「心痛」を主とする衝撃とそれゆえの認識に遭遇し、そこからむしろ生への新たな勇気に至り得るような作品」ということになる。

このようにアリストテレスの悲劇論を整理した上で、佐藤は原始キリスト教における「悲劇性」を考察する。佐藤によれば、イエスの十字架上での死という悲劇的事件を描いた『新約聖書』「福音書」のなかでももっとも「悲劇性」の高い「福音書」は、「マルコ福音書」である。「マルコ福音書」には「筋」の三要素である「逆転」・「認知」・「苦難」が明確に描かれている。「逆転」とは、「神の子」「キリスト」が当時もっとも呪わしい十字架刑という処刑方法で殺されるという、治癒奇蹟物語から受難物語へのはなはだしい落差をもつ転落、力と聖性の極みから無力さと穢れの極みへの反転である。

しかし、イエスの運命の悲劇的逆転（反転）が第一主題だとするなら、「マルコ福音書」には、第二主題とも言うべき直弟子たちの運命の悲劇的逆転（反転）も描かれているとして、佐藤は次のように述べる。

要するに直弟子たちは、イエスの悲劇の「観客」にならざるを得なかったと同時に、自らイエスを失い、またそのイエスを裏切ったことにより、彼ら自身が第二の「悲劇」の主役という奈落に落ち込んだのであろう。彼らのそれまでの予想を決定的にくつがえす「逆転」の発生であり、同時にこれまでの自己理解を瓦解さす現実の「認知」と「苦難」との到来であろう。これはきわめて深刻な「悲劇の二重化」の実例である。

佐藤は、「逆転」・「認知」・「苦難」を体験した弟子たちが「負い目」を抱き、いわば「喪の作業」ともいうべき心理的償いを果たそうとするところから、原始キリスト教は生まれたという。パウロの「十字架の神学」はそのような「悲劇の力」に源を有し、「マルコ福音書」はそのパウロの神学を「受難物語」として肉付けしたと位置づけられる。佐藤は「「悲劇的なるもの」は、キリスト教的福音の発生と展開とを担った本質的な要素であった」と結論づける。そして、その後のキリスト教の歴史が「非悲劇化」の方向に向かったのは事実であるにせよ、「十字架の記憶に基づく悲劇的感性は、福音の観念化・図式化・固定化に対する最終的な是正力として、今に至るまで働き続け」、それに由来するキリスト教のエネルギーは「常に悲劇的なるものの現実の磁場に回帰する」という。

†「悲劇の二重化」

「福音書」の物語世界、特に受難物語は「悲劇の二重性」・「悲劇の二重化」を孕んでいるという佐藤の論は非常に示唆に富んでいる。『死海のほとり』に立ち戻って考えてみよう。〈群像の一人〉の物語系列は「福音書」の受難物語に基づき、十字架上でのイエスの刑死事件という「逆転」・「認知」・「苦難」を含む「悲劇」と、それに対する弟子たちの「悲劇」との、「悲劇の二重性」・「悲劇の二重化」の物語を語っている。

〈巡礼〉の物語系列には、その〈群像の一人〉の「悲劇の二重性」・「悲劇の二重化」の物語を発端として、さらにねずみの「悲劇」、それらに対する「逆転」・「認知」・「苦難」を含む「私」・戸田の「悲劇」が何重にも重ね合わせられている。しかし、徹底的にみすぼらしく醜く惨めなねずみの死を「悲劇」と呼ぶことができるのだろうか。そのねずみの死から「私」や読者は「逆転」・「認知」など受け取ることができるのだろうか。

『死海のほとり』〈巡礼〉の物語系列の原型的短篇小説の一つに「札の辻」（『新潮』一九六三・一二）がある。この短篇でも、〈巡礼〉の物語系列のねずみとよく似たネズミというあだ名の外人修道士のことが「男（井上）」によって回想される。ネズミは「男」と同様臆病者だったが、ポーランドに近いダハウの収容所で、同じ収容所のユダヤ人が飢餓の刑に処せられるときに、身代わりになって罰を受けて死んだらしいという。「男」は、仲間のために愛のために死んだネズミのことを思い、「だれが、なにがネズミにそんな変りかたをさせたのだろう。だれが、なにがそんな遠い地点までネズミを引きあげたのだろう」と考える。この問いは、先にみた短篇「巡礼」で、哀れな師が死んだ後の弟子たちの変わりように対して矢代が抱く疑問と同じである。

しかし、『死海のほとり』の〈巡礼〉の物語系列では、ねずみも入っていたゲルゼンの収容所で、ユダヤ人脱走者の身代わりに飢餓室で死ぬのはマデイ神父である。ねずみのような救いようもなく臆病な人間は「弱い人種」として、マデイ神父のような「強い人種」と対比される。仲間のために愛のために死んだという短篇「札の辻」のネズミの場合とは異なり、『死海のほとり』〈巡礼〉の物語系列のねずみは最後まで「強い人種」には変貌しない。

そのようなねずみの最期について、「私」は、ナチスのゲルゼンの収容所でねずみと同室だったというテル・デデッシュのキブツの医師イーガルさんから手紙をもらう。飢餓室へと連行されるねずみの右側に「もう一人の誰かが、彼（＝ねずみ）と同じようによろめき、足を曳きずっているのをこの眼で見た」とイーガルさんは確信をもって語る。それまで卑屈なまでに自己保身的・自己中心的であったねずみは、飢餓室に連れて行かれる直前、まだ少年だったイーガルさんに「彼の最後の日の食糧になる筈だったコッペ・パン」を与えたという。弱さの極みで死んで行くねずみの最後の瞬間に、ねずみ自身、何らかの「逆転」・「認知」・「苦難」を獲得し、それによって、巨大な非人間的暴力の前には無力であるかもしれないが、ささやかな献身的・自己犠牲的行為を行なったのではないだろうか。そのねずみの姿をありありと思い浮かべる「私」のなかでもまた何らかの「逆転」・「認知」・「苦難」が生じ、「私」はねずみすらも見放さない「同伴者イエス」を直観したのではないだろうか。

†「十三番目の弟子」とイエスの原風景

『死海のほとり』には、〈巡礼〉の物語系列・〈群像の一人〉の物語系列の区別なく、さまざまな「弱さ」が描かれている。気の弱さ・弱気、弱々しく・弱り果てる・病弱、貧弱、弱虫、人間の弱さなどである。これらは、作中、「強さ」と対比をなしている。〈巡礼〉の物語系列のかつての戸田と「私」も「強さ」・「弱さ」の対比で描かれていた。熊本牧師と現在の「私」・戸田との対比については、先にみたとおりである。〈群像の一人〉の物語系列では、教師《ラビ》・預言者とイエス、アナスとイエス、バラバとイエスの関係でもやはり、「強さ」・「弱さ」の対比が強調されている。

『死海のほとり』〈群像の一人〉の物語系列で描かれるイエスの姿は、無力で弱く醜いイエスである。その姿は受身性・受動性を極限にまで突き詰めた姿そのものであろう。徹底的に無力で弱いからこそ、その「逆転」は巨大な悲劇的ダイナミズムをもつのである。

〈巡礼〉の物語系列で「私」は、戸田との旅を通じて、次第にイエス像を見失っていく。日本に戻っても、自分には何の変化も生じず、原稿「十三番目の弟子」についても、「もう書き続けることはないだろう」という。しかし、その直後、『死海のほとり』の物語の最後で、「私」は医師イーガルさんからの手紙を受け取る。その手紙には、ねずみの最後の姿が記されていた。先にみた場面である。その情景を思い浮かべ、「私」は「いつも、お前のそばに、わたしがいる」というイエスの言葉を聞いたように思う。そのイエスは未完の原稿「十三番目の弟子」のなかにも、「私の書いたほかの弱虫たち」のなかにも身をひそめていたのではないかとも感じる。

〈巡礼〉の物語系列の最後で「私」はイエスの原像・イエスの原風景を見出す。それは徹底した弱者で、無力なイエス、すべての者が見棄てるにもかかわらず「付きまとわれる」という受身・受動の形でその存在を実感せずにはいられないイエスである。旅の最後にイエスの原像・イエスの原風景を見出すことによって、初めて「私」は「私の」イエスの物語を語ることができるようになる。その物語こそ、〈群像の一人〉の物語系列なのであろう。〈十三番目の弟子〉とは、十二人の弟子・使徒には選ばれない、その資格に値しない弱虫の弟子であると同時に、その教義化・図式化・固定化された十二人の使徒とは異なる、イエスの原風景における生身の弟子という意味もこめられているのではないだろうか。〈十三番目の弟子〉という枠組み・視点を取り入れることによって、『死海のほとり』の全十三章は語られうるのである。「福音書」の物語とは微妙に並行しつつ、別の次元に像を結ぶイエスの原風景〈群像の一人〉は、物語の冒頭に循環し、「私」の〈不確かな巡礼の旅〉とともに「私」の心の奥底に働きかけ、新たなイエスの姿、そして弟子たちの姿を発見するように導くのであろう。

『死海のほとり』の読者もまた、何重にも入れ子になり、互いに照らし合い、響き合うテクストの重層的な世界に分け入り、〈不確かな巡礼の旅〉を重ねつつ、「逆転」・「認知」・「苦難」の悲劇的ダイナミズムに立ち会う。それは、物語体験によってのみ可能となると同時に、その物語体験は、キリスト教徒を越えてより多くの読者(キリスト教的な表現をすれば、「異邦人」)に向けても開かれているのではないだろうか。

＊本文の引用は以下による。
『遠藤周作文学全集』全十五巻(新潮社、一九九九-二〇〇〇年)
『新約聖書』(岩波書店、二〇〇四年)。なお、「福音書」名はそれぞれ「マタイ」、「マルコ」、「ルカ」、「ヨハネ」と略記する。章節は「ルカによる福音書」第二十二章第六十一節を「ルカ」二二・61といった具合に表記する。

(1) この二篇以外にも、〈巡礼〉の章の癩病院慰問のモチーフやねずみの人物造型の原型が、「イヤな奴」(『新潮』一九五九・四)、「雑木林の病棟」(『世界』一九六三・一〇)、「札の辻」(『新潮』一九六三・一一)にみられることは、『遠藤周作文学全集』第三巻(新潮社、一九九九年)「解題」で山根道公が指摘するとおりである。
(2) 神谷光信「新約聖書学の衝撃」(柘植光彦編『遠藤周作――挑発する作家』至文堂、二〇〇八年)は、この松本牧師の発言の背景に、ブルトマンの様式史的研究、さらには編集史的研究等の二十世紀のプロテスタント系イエス研究の影響を認めている。この点は重要だが、本章では触れない。
(3) 佐藤泰正「遠藤周作における同伴者イエス 『死海のほとり』を中心に」(『解釈と鑑賞』一九七五・六。佐藤泰正『近代文学遠望』国文社、一九七八年、所収)。
(4) 上総英郎『遠藤周作論』(春秋社、一九八七年)。その他、宮坂覺「『死海のほとり』――〈聖書考古学〉・〈あの男〉から〈あなた〉への反転」(『国文学』一九九三・九)、川島秀一「『死海のほとり』――沸騰する文体」(柘植光彦編『遠藤周作――挑発する作家』至文堂、二〇〇八年)も、音楽の比喩で『死海のほとり』の構成を論じている。
(5) 山形和美「『死海のほとり』――イエスに向けてのキリストの非神話化」(山形和美編『遠藤周作――その文学世

界』国研出版、一九九七年）。

（6）石丸晶子「『死海のほとり』論――「永遠の同伴者」イエスへの文学的到達――」（笠井秋生・玉置邦雄編『作品論遠藤周作』双文社出版、二〇〇〇年）。

（7）佐藤研『悲劇と福音――原始キリスト教における悲劇的なるもの』（清水書院、二〇〇一年）。なお、アリストテレス『詩学』は、『アリストテレース　詩学・ホラーティウス・詩論』松本仁助・岡道男訳（岩波文庫、一九九七年）を参照する。

第八章　信頼が地域づくりにもたらすもの

杉原名穂子

1　地域づくりと社会関係資本

† 地域の絆

新潟県北部にある村上市、山形県に隣接するこの市の中心部から約二三キロ内陸に入ると、そこに高根という集落がある。面積は九八五〇ha、四方を山に囲まれ、集落のおよそ七割が山林という中山間地域で、一七五戸七二三人が暮らしている（二〇一〇年当時）。この地区は、活発な地域づくりを行なっていることで知られ、コミュニティ・レストランの経営、観光農園づくりや森の里づくり、体験交流など、集落の内と外とを交錯させながら、住民たちの活力が創造されている。

なぜこの地区でかくも積極的な活動が生まれうるのか。この山あいの集落に目をむけると、そこで暮らしている住民たちの緊密な関係が目にとまる。高根では民有林六一五〇haのうち、個人が所有しているのは三五〇haにすぎず、残りはすべて何らかの形で共有されている。この圧倒的に広大な土地の共同所有が高根の特徴で、それらを維持・管理・活用するために、山業会、高根生産森林組合といった組織が明治時代、そして戦後に結成されていった。後者は全戸加入の組織であるが、そのほかにも、高根区という役場とは異なる独自の組織があり、住民から区費を集め、職員を雇用している。こういった全集落を包含する組織の存在に加え、住民全体で行なう運動会や風祭りといった年間行事が毎年かかさず実施され、地域内の密な関係が維持されている。

高根の活力ある地域づくり、その背景には、地域のさまざまな組織や活動の存在、住民相互の強い絆の存在が指摘できよう。一般に村落地域では伝統的な紐帯が強く、都市部では弱いといわれるが、この集落にも村落ならではの強い絆が確かに存在する。しかし他方で、紐帯の強さは閉鎖性につながりやすく、それ故の弊害もまた、しばしば指摘されるところである。では、地域の活力や創造力に結びつく絆とはどういうものなのだろうか。そしてそれはいかにして生み出されるのだろうか。

地域づくりに限らず、人と人との結びつきが教育や健康、治安などに利益をもたらすことが、近年、注目されている。社会関係資本に関する議論の隆盛はその傾向を端的に表わしているといえよう。本章ではこの社会関係資本という概念を手がかりに、人と人のつながりを生みだすもの、それが生みだすものについて考察する。

† 社会関係資本について

社会関係資本（social capital）という概念は、一九九〇年代後半以降、急速に注目されるようになった。その隆盛をもたらしたきっかけは、R・パットナムの一連の著作である。パットナムは、物的資本や教育といった人的資本と同じように、人と人との関係が利益を生むと主張し、「社会関係資本が指し示しているのは個人間のつながり、すなわち社会的ネットワーク、およびそこから生じる互酬性と信頼性の規範である」という有名な定義を行なった（パットナム 二〇〇六、一四頁）。昔のアメリカ人は仲間と一緒にボウリングをしたものだ。しかし近年では一人でボウリングする人が増えている。彼は、このように述べて、アメリカ社会でかつて豊かにあった社会関係資本が減少していると問題提起した。そして、積極的な市民参加の促進、人と人のつながりの強化が、地域社会や市民社会の再生に重要だと主張した。

政治学者であったパットナムにとっては、社会関係資本の減少により、市民的公共性が衰退したことが問題であった。しかし、人間関係の緊密さを民主主義の重要な基礎とみなすこと自体は、トクヴィルを持ち出すまでもなく、特に目新しいものではない。また、資本という所有のイメージが強い概念より、コミュニティ概念の方が適しているという意見もある（Bowles & Gintis 2002）。しかし、一九九〇年代というのは、ネオリベラリズムにより過度に個人化がすすむ社会に危惧の念がひろがっていた時代でもあった。たとえば社会学者のZ・バウマンは、もはや市民は存在しない、いるのは個人である、と述べ、人間関係がばらばらになり、公共的空間が空虚になっている現状に警鐘をならす（バウマン 二〇〇一）。

このような社会情勢のなかで、人間関係を強調するパットナムの議論は、民主主義の議論を越えて、広く、そして強くアピールした。そして、資本という概念を用い、社会のもつ絆を数字で測定可能にしたことも、多くの研究者を刺激した。こうして、社会関係資本をめぐる議論は政治学、経済学、社会学、社会疫学など社会科学の領域全般に拡大していく。そして、ＯＥＣＤや世界銀行が政策的にその概念を取り入れ、日本でも、内閣府が二〇〇三年、初めて社会関係資本を測定する調査を行なうに至ったのである。

† 信頼への注目

社会科学における昨今の信頼についての議論は、かなり最近の現象だといえる。この新たに発見された信頼への関心は、おもに社会関係資本研究からきている。そこでは信頼が人々の協力を可能にする上で鍵となる役割を果たしている。（Freitag&Traunmüller 2009, p.782）

パットナムの社会関係資本論が刺激的だった理由はもう一つある。その概念が規範的性格をもっていたことである。先述したように、パットナムは、ネットワーク、信頼、互酬性という三つの要素を定義として挙げたが、そのなかでも中心的な位置をしめるのは信頼である。人と人を結びつけるネットワーク、そして、お互い様と思える互酬性の規範、これらを生みだす基礎にあるのは人と人の信頼関係なのである。

しかし、誰もがパットナムのように、信頼という要素をこの議論の中核においたわけではない。社会関係資本の概念は、L・J・ハニファンの学校研究に端を発すると一般的にいわれている。その後、P・ブルデュー、J・コールマンらが著名な研究者として登場する。これらの研究には、理論的に二つの潮流がある（Field 2008 ; Kovalainen 2004 ; Adkins 2005）。一つは機能主義的潮流である。それはE・デュルケムにまでさかのぼるもので、集合的行為のディレンマをのりこえ、社会の統合を可能にするものとして社会関係資本をとらえる。パットナムやF・フクヤマは、規範や規則、義務によって社会化された行為者像にたち、「共同体レベル」で社会関係資本を定義する。他方、コールマンは経済学と社会学にまたがる理論の構築を企図し、合理的選択理論の立場にたつ。彼にとって行為者とは、集合的価値を内面化された存在というより、利益を追求して交換を行なう存在で、社会関係資本については「個人レベル」で論じる。

もう一つの潮流は葛藤理論で、社会の統合ではなく、社会闘争、社会的不平等との関係から諸資本を取り上げる。ブルデューが代表的論者で、彼は社会関係資本を階級によって専有される資源とし、それが不平等を生みだし促進するプロセスと権力作用を解明しようとする。

ブルデューは、社会関係資本をエリートが自分の地位を確保するための財産とみなしたが、コールマンはエリートだけでなく誰もが所有するものと考えた。その違いはあるが、この二人はともに、社会関係資本を個人（または家族）が所有するもの、つまり個人レベルの概念として用いた。彼らの理論は利害関心と社会関係資本を結びつけ、信頼という概念とは関係させない。それに対し、共同体レベルで社会関係資本を考えたパットナムの定式化では、信頼という規範要素が中心となる。

コールマンやブルデューでなく、ほかならぬパットナムの社会関係資本論が脚光をあびたのは、人間関係の重要性をうたうだけでなく、共同体を取り上げ、信頼という規範的要因を強調したからだといえよう。この要因は、社会学者には実はなじみのものであった。社会学者は、いかに社会はなりたっているのか、という問いを追究し続けてきた。何かしら非合理的なものが根底にあって社会秩序を支えている、と説明する議論も多い。それが宗教的なものであれ、感情的なものであれ、身体化されたものであれ、そして「信頼」であれ。デュルケムは社会的連帯について研究し、信頼は集合的価値の内面化からくるものとした。G・ジンメルも信頼を論じたが、これら古典的大家だけでなく、近年ではN・ルーマンも、「信頼がなければ人は何もできない」と述べて、秩序と信頼を関連づける。

このように、規範的要因を重視するのは社会学の伝統であることから、経済学での社会関係資本論の隆盛は、社会学による経済学への侵犯だと評されることも多い。また政治学者がパットナムに対し、社会学的すぎると批判を加えることもある。

たしかに、パットナムの議論は、デュルケムの連帯概念を思い起こさせる。その社会観は、機能主義的で楽観的である。彼に対し、共同体のロマンティックなイメージを推進しているという批判がある（Misztal 2000）。社会関係資本のダークサイドに彼は十分に目をむけていないというのである。共同体は信頼と不信の双方を生み出す場合がある。緊密な関係がよそ者を排除するケースもある。それが差別や不平等と結びつくこともある。

それらの批判ももっともであろう。しかし、パットナムが信頼研究に新たなうねりを起こしたことは事実である。リスク社会、個人化社会といわれ、不確実な社会に生きる現代人は、どことなく不安を抱いて暮らしている。そして、未来を見通せない時代だからこそ、人はたえず自己をみつめ他者に問いかけながら、そのときそのときで方向を定めて生きている。現代社会では、人と人を結びつける絆、そして信頼について問われる必要があるのだ。

2　二つの信頼
――一般的信頼と特定化された信頼――

† 信頼の類型化

信頼は社会関係資本の基本的かつ中心的な概念だが、当初、それは人びとの協力関係と素朴に結びつけられていた。人びとの協力関係があれば信頼がある、というように。したがって、パットナムが挙げた三要素、ネットワーク、互酬性、信頼は別々に測定されはしても、結局は同義になり、人びとの市民参加活動を促せば、社会の信頼感も増し、社会関係資本も増加すると考えられていた。

この素朴な前提に疑義をはさんだのはＥ・アスレイナーである（二〇〇四）。市民活動に関するデータを分析した彼は、人びとが活発に社会活動しても、それは信頼を高めることにつながっていないと注意を促す。なぜなら、そのような活動では、人は往々にして自分と似ている人と集まるからである。自分と同質の、特定の人との緊密な活動では、自分と異なる人への信頼感は醸成されない。むしろ、逆に破壊するおそれもある。

ここでアスレイナーは二つの信頼類型を提示する。自分と似た人に対する信頼である「特定化された信頼」と、自分と異質な人に対する信頼である「普遍化信頼」である。そしていわゆるよりよい社会を目指す上で重要なのは普遍化信頼だとし、この普遍化信頼を醸成する政策を実施しないと「お門違いになる」という。

信頼に二つの種類があることは、山岸俊男（一九九八）も指摘してきた。多くの世論調査からも、また彼が行なった社会心理学の実験からも、アメリカ人の方が日本人よりも、他者一般を信頼する傾向が強い。従来、個人主義社会のアメリカよりも、対人関係を重視する日本社会の方が、他人への信頼感が強いと思われていた。しかし、実際の調査や実験は、まったく逆の結果を示している。

なぜこのような結果が生まれるのか。それは日本の集団主義がつちかう人間関係は、一般的信頼（普遍化信頼）とは結びつかないからである。こうして山岸は「安心（assurance）」と「信頼（trust）」についての有名な定義を示す。安心とは社会的不確実性が存在しない、つまり見知った相手であるために、用心深くふるまう必要がない状態である。信頼とは、不確実性の存在を前提とする、つまり見知らぬ人であってもなお相手を信頼する状態である。ムラ社会、終身雇用などの家族主義的な経営体、業界におけるケイレツなど、日本社会は不確実性を排除することで安定した社会を築いてきた。いわば「安心社会」日本なのである。国際比較調査によると、日本ではインターネットへの信頼感が比較的低いとされるが（藤原・木村 二〇〇九）、山岸がいうように日本が安心社会であるならば、対面的関係でないインターネットへの警戒感が強くなるのも理解できるだろう。

アスレイナーと山岸の信頼論で共通しているのは、二つの信頼類型を示した上で、これからの社会に重要なのは一般的信頼だと考えたことである。山岸によれば、経営や雇用において流動性が高まった現在、日本社会は安心社会から信頼社会へと移行しつつあり、自分となじみのない他者と関係を結ぶ能力が一層必要になる。同じような見解は広井良典（二〇〇六）も示している。共同体的一体意識に支えられた同心円的関係と、個人をベースとした共同意識に基づき、独立した個人としてつながる関係の二つの類型を提示し、分離し自律した個人が新たに人と関係を取り結ぶ能力が、今後は重要だと述べる。

パットナムは知っている人への信頼を厚い信頼、知らない人への信頼を薄い信頼と呼び、薄い信頼の方が社会関係資本の生成に役立つと考えた。また、結束型（ボンディング型）と橋渡し型（ブリッジング型）という二つの社会関係資本類型では、結束型の資本のもつ弊害について指摘する論者も多い。つまり、他者とはただ緊密に結びつけばそれでよい、というわけではないのだ。

一般的信頼感が高い社会は、寛容性が高い。また、自分と関係ない他人を一般的に信頼できる人は、自分の人生を自分でコントロールできるという自己統制感が強く、人生に対して楽観的で満足感も高い。社会関係資本を測定する数多くの調査では、以上のような傾向が示される。今や注目は、二つの信頼のうちの一般的信頼であり、どのようにしてその信頼感を醸成すべきかが問われている。

†　二つの信頼はどのように関連するか

二つの信頼概念が区別されると、この二つの信頼の関係とそれぞれの特徴が次に問題となる。両者はまったく関係ない独立したものなのか、それとも関連しているのか。

二つの信頼の関係について、山岸（一九九八）は「安心は信頼を破壊する」という有名なテーゼを示した。特定の人との信頼感が養われれば、それがおのずと一般的信頼にもつながる、という考え方を彼は「還元アプローチ」と呼ぶ。従来、人びとは何となく還元アプローチが正しいと思い込んでいたが、実際は逆で、特定化信頼からは一般的信頼は生まれないどころか、むしろ阻害すると発見したのである。これが彼のいわゆる「信頼の解き放ち理論」である。緊密な仲間と社会活動しても一般的信頼は生まれない、といったアスレイナーも同じ問題意識をもっている。

はたして、還元アプローチが正しいのか、それとも信頼の解き放ち理論が正しいのか。特定の人との関係がより緊密になれば、それはより広い社会の信頼性につながるのか。あるいは、緊密さは閉鎖性に結びつき、外部への信頼感を阻害するのだろうか。

信頼の解き放ち理論は、社会の不確実性が高く、機会コストが高い場合に一般的信頼も高い、とする。その場合、村落共同体の方が安心社会であり、都市化が進んだ地域は信頼社会となる。しかし、日本でのある調査研究では、都市住人の方が村落住人より一般的信頼が高いという結果は得られず、むしろ、近隣関係が強い社会の方が一般的信頼も高いという結果になった（辻・針原 二〇〇二）。山岸が退けた還元アプローチの方が適合したのである。また大阪府内の四つの市町で行なわれた調査では、伝統的な地域社会では還元アプローチが、都市的生活様式が進展している地域では、信頼の解き放ち理論が支持された（与謝野・林 二〇〇五）。つまり、人間関係が営まれる場によって二つの信頼の関係は左右される。鈴木努（二〇〇六）は、居住地の問題ではなく、営まれるネットワーク特性が機能的に未分化か、それとも専門分化しているかの違いだと考える。

実際、この二つの相反する仮説について、どちらが正しいのかは確定できていない。場や状況によって、調査によって異なるのである。またその人物がどのような社会的位置をしめているかにもよる。たとえば、しばしば指摘されることだが、女性や黒人は、多くの社会的政治的活動に参加し、特定化信頼は強いが、一般的信頼は弱い。差別的な待遇をうける集団では一般的信頼感は醸成されないのである。逆に何らかの資源にめぐまれている人、教育や所得が高い人は一般的信頼が高いが必ずしも特定化信頼が低いわけではない。いずれにせよ、個人の経験とコミュニティの特徴が、二つの信頼に影響を与えるといえるだろう。

†信頼生成についての議論

社会関係資本論は、一般的信頼の醸成が重要だという。では、二つの信頼はどのようにして養われるのだろうか。これについてはまだ研究の初期段階ということもあり、論者によって見解はさまざまである。

まず、特定化信頼は具体的な経験から生まれるが、一般的信頼は個人がもつ性質に基づく、という仮説がある。特定化信頼は社会的相互作用における具体的な信頼の経験から生まれる。ある人の信頼性を判断するには情報が必要で、類似の状況での過去の行為や評判から合理的に判断が下される。

他方、人生の初期の段階で身につけられた個人的な性質としての信頼もあり、一般的信頼がこれにあたる。これは、より心理的なアプローチであり、相手についての情報ではなく、信頼する側の考え方、道徳的な性向、社会観や人間観に基づくものである。「信頼は、それゆえ、時間とともに変化はしない安定した性質であり、他の心理的性向、たとえば、未来への楽観主義、人生の自己統制感などと結びついている」(M. Freitag & R.Traunmüller 2009, p.788)。こういった人物は、たとえ信頼が破られる行為を経験しても、その否定的な経験によって一般的信頼感を損ねたりしない。一般的信頼は経験に基づくものではなく、特定化信頼とその基礎が異なるゆえに、アスレイナーや山岸は二つの信頼は関係しないと考えたのである。

日本では、福島慎太郎他（二〇一一a、二〇一一b）が、京都の農村部を調査し、同様の見解を示している。そこでは、一般的信頼が高い人は、地付きの人より外から移住してきた人、高齢者より若者である。その地域での交流頻度とは関係しないが教育年数とは関係している。この結果をふまえ、彼らは一般的信頼は地域での経験や年齢とともにつちかわれるものではなく、個人の特性だと考える。特定化信頼（地域内信頼）[1]は逆に、地付きの人、高齢者に高く、地域での交流の経験が増すことで高くなる。そして教育年数とは関係しない。よって、特定化信頼は経験に基づくものと考えられ、どういったコミュニティかによる差も大きくなる。

この仮説に対し、フライタグら（M. Freitag & R.Traunmuller 2009）は、経験に基づくのか個人的な性質か、二つの信頼の基礎を明確には分けられないと述べる。経験か性向かは文脈と関係し、特定の人との相互行為は特定化信頼に影響し、見知らぬ人との具体的な経験は一般的信頼に影響すると明らかにする。アスレイナーは、市民的活動それ自体は一般的信頼をつくらないとした。重要なのは教育、特に異質なものとの交流体験、そして格差がない平等な社会だという。それを経験とみるか個人的な性質とみるかはともかく、一般的信頼は、自分と類似の親しい関係ではなく、開かれた関係を取り結ぶなかでつちかわれる型だという認識では共通している。

3　緊密な関係、開かれた関係

† 「高根フロンティアクラブ」

再び、冒頭にふれた高根地区に戻ろう。この集落で、活発な地域づくりが可能だったのは、豊かな社会関係資本が地域に蓄積されていたからだといえる。

その資本の創出には、地域活動に人びとが積極的に参加していることが大きく関与している。高根区、山業会、生産森林組合という三つの組織がもっとも上位にある組織だが、それ以外に公民館、消防団、青年団、婦人会、老人会、ＰＴＡ、ソフトボールクラブなどの組織が幾重にも存在し、集落の三分の一以上の人が何らかの団体に参加して活動している。これらの組織が協力することで、住民全体が参加するイベントも毎年開催されている。

地域の組織や活動を通して、人間関係の緊密なネットワークが維持され、パットナムのいう、ネットワーク、信頼、互酬性の規範がそれぞれ十分に保持されているのだろう。

活発な地縁活動が生みだす信頼とは、いわゆる特定化信頼の方である。しかし、高根の地域づくり活動をみると、単にまとまりがよいというだけでなく、ある種の自由さがある。有力者からのトップダウン方式ではなく、若い世代が有志をつのって積極的にグループ活動を行なっているのである。

その一つに、高根フロンティアクラブがある。一九九六年、当時三十代から五十代の四十数名の有志によって、集落について研究し、活性化をはかることをめざして結成された。二〇〇七年には総務省の過疎地域自立活性化優良事例表彰で総務大臣賞を受賞するなど、現在も意欲的に活動を継続している。

最初にこのクラブを立ち上げたメンバーたちは、集落でいえば中堅にあたる年代である。自分たちの活動を年配の方が、またほかの住民が奇異の目で見なかったかと問われると、「そういうのは全然無かったです。我々のところはけっこういろんな団体つくるんで。すぐ」と答える。(2) 地縁組織はそれなりに強固に維持されながら、それを足場にして新しい活動集団が気軽に結成されている。みんなでやらなくてもよい、周りの人も邪険にしない。人間関係の緊密さだけでなく、寛容性がそこに感じられる。それがこの集落の活力の源泉のようにみえる。

フロンティアクラブは高根の多くの組織のなかに新たに加わったが、ほかの組織とは少し性格を異にする。「組織的にちょっとあの青年団とか婦人会と若干違うのは、えーと青年団と婦人会っていうんはまあ集落、老人会もそうだけど、集落の中での活動、集落に対しての活動なわけだ。でもフロンティアクラブっていうのは、逆に今度高根から発信しようという事業を相当やってるわけだね。そういうとこで若干、他の団体と違ってくる」。

地縁組織が集落内のネットワークを維持させるのに貢献し、フロンティアクラブはそこでつくられる社会関係資本（結束型）を用いて、集落外との交流を促進している（橋渡し型）。地区内の緊密な関係は、ときに外部に対して閉鎖的になり、結束型の資本が生みだすマイナス面が問題視されることも多い。しかし、高根では、緊密でありながら、同時に開放的な関係が創出されている。二つの信頼感に注目してみると、住民同士に対しても、また外からの訪問者に対しても寛容で、特定化信頼だけでなく、一般的信頼も高い様子がうかがえる。このあたりの地域では、百戸以上の規模の集落でまとまって活動するのは難しいといわれているが、高根では成功しているのも、緊密さと寛容性の併存によるのではないだろうか。

† 二つの信頼の併存

では、緊密であり同時に開放的である人間関係は、高根ではどのように可能なのか。

フロンティアクラブの活動により、集落の活力が生みだされ、外部の視線からさらに地域がもっている伝統や文化が見直される。結束型と橋渡し型がともに資本を増幅させているが、元にあるのは、まず結束型の資本であり、特定化された信頼であろう。この結束型資本を支える重要な一つに経済資本がある。高根はさまざまな主体が事業を起こしやすい地区であるが、収益をあげることでその組織が維持されている。高根区という組織は、専任の職員を雇っており、地域の活動を維持する大きな要因となっているが、その費用は各家から区費を徴収することでまかなっている。風祭りは奉納相撲を行なう伝統的な行事で、そこに参加する住民が御祝儀として寄付を行ない、そこで集めたお金で運動会やサマー・フェスティバルといったイベントを運営している。つまり、高根では集落内をお金が循環しながら地域の伝統的な組織や行事を維持し続けているのである。

緊密な人間関係を生むもう一つの重要な要因として学校が挙げられる。高根地区内にあった学校は、一九九〇年に中学校が、一九九九年に小学校が廃校になったが、集落の中心的な年代は、小中学校の九年間をともに過ごしていた。「俺が思うには、都会はそういうことはあり得ないんだけど、小学校から中学校までの九年間っていいうのは、みんな一緒なんだよね。一クラスがずーっとこう。だからそういう、つながりっていうかね。まあ家族みたいなもんだと思う。そういうのがほわっとした、なんだろ、人のこと信用できる……」。

では高根ではなぜ寛容性がみられるのか。フロンティアクラブのメンバーにたずねると、二つの答えが返ってくる。一つは集落の規模であり、緊密な関係をもつ集団を複数生みだす程度の人口規模があったため、自由度が高いこと。もう一つは、学校であり、在学時からそういう寛容性を体験していたことである。高根では住人たちは敬語を使わずに会話をし、自治組織での総会においても家柄や年齢にこだわらず自由に発言するが、学校時代からそういう態度だった。ある学年が何かやっても、上級生は口を出さないのが普通であり、他のグループの活動を放置し、受容する寛容な態度がつちかわれたという。アスレイナーは、学校は一般的信頼を養成する装置だが、異質な者と交流する体験が重要だと考えた。同質なものと緊密に交わっていても特定化信頼しか養われず、一般的信頼につながらない。しかし、高根では、異質な者と出会わなくても、また高等教育でなくても、学校において一般的信頼への構えが形成されているように思える。

特定化信頼から一般的信頼へ、還元アプローチがあてはまるケースが高根であるが、そのメカニズムはまだ十分には分からない。集落独自の歴史的伝統や気風によるのかもしれない。ただ、一般的信頼形成で重要なのは、集団が異質か同質か、ということでなく、ネットワークとコミュニケーションのタイプや質であることは考えられる。であるならば、市民参加活動の推進が無駄ということにはならない。ただ、人びとを結びつける拠点づくりや市民活動の参加を促すこと、そこに一般的信頼を生みだす工夫をこうじることが必要となる。

高根集落については、学校の統廃合により、かつて住民たちを緊密に結びつけていた小中学校が集落内から姿を消し、子どもたちは外に通うようになった。そのことが集落にどのような変化をもたらすかはまだ住民たち自身にも分かっていない。これまでの資本創出のやり方とは異なる新しい方法が必要なのだろうか。今後の動きをみていきたい。

（1）一般的信頼、特定化された信頼を測定する調査では、ワーディングにいくつかパターンがある。多くの調査では、「一般的にいって、人は信頼できると思いますか、それとも用心するにこしたことはないと思いますか」という質問文で一般的信頼をはかり、特定化された信頼については、具体的な人や組織への信頼をたずねる。福島らの調査では、「国内の「旅先」や「見知らぬ土地」で出会う人のうち、信頼できるといえるのは」という質問で一般的信頼を、「この地域で信頼できるといえるのは」で地域内信頼を測定している。本章では、この地域内信頼を特定化信頼の一種としてとらえている。

（2）高根フロンティアクラブメンバーへの聞き取り調査から。以下、本節で取り上げる引用は、同調査からのものである。調査は二〇〇八年以降、現在も継続的に行なわれている。

▒引用文献

Adkins,L., "Social capital：The anatomy of a troubled concept", *Feminist theory*, vol.6（2), 2005, pp.195–211.

バウマン、Z『リキッド・モダニティ――液状化する社会』森田典正訳（大月書店、二〇〇一年）。

Bowles,S. & H.Gintis "Social Capital and Community Governance", *The Economic Journal*, 112（November), 2002, pp.419–436.

Field, J., *Social Capital*（second edition), Routledge, 2008.

Freitag,M. & R.Traunmüller, "Spheres of trust：An empirical analysis of the foundations of particularised and generalised trust", *Europian Journal of Political Research*, 48, 2009, pp.782–803.

藤原正弘・木村忠正「インターネット利用行動と一般的信頼・不確実性回避との関係」（『日本社会情報学会学会誌』20（2）二〇〇九年）四三－五五頁。

福島慎太郎ほか「地域特性と地域単位に着目したソーシャル・キャピタルの形成量の地域差に関する分析――結合型・

橋渡し型の信頼の地域間比較を通して」（『農村計画学会誌』30、二〇一一年a）三四五－三五〇頁。

福島慎太郎ほか「一般的信頼と地域内住民に対する信頼の相互関係の検証」（『環境情報科学論文集』25、二〇一一年b）一三七－一四二頁。

フクヤマ、Ｆ『「信」無くば立たず』加藤寛訳（三笠書房、一九九六年）。

広井良典『持続可能な福祉社会』（ちくま新書、二〇〇六年）。

Kovalainen, A., "Rethinking the revival of social capital and trust in social theory: possibilities for feminist analysis", B.L. Marshall & A.Witz, *Engendering the Social*, Open University Press, 2004.

Misztal, B. A., *Informality: social theory and contemporary practice*, Routledge, 2000.

パットナム、Ｒ『孤独なボウリング――米国コミュニティの崩壊と再生』柴内康文訳（柏書房、二〇〇六年）。

鈴木努「社会ネットワークと一般的信頼」（『社会学評論』57（3）、二〇〇六年）五六四－五八一頁。

辻竜平・針原素子「都市と村落の社会的ネットワークと一般的信頼」（『日本社会心理学会第四三回大会発表論文集』二〇〇二年）、一一四－一一五頁。

アスレイナー、Ｅ「知識社会における信頼」西出優子訳、宮川公男・大守隆編『ソーシャル・キャピタル――現代経済社会のガバナンスの基礎』（東洋経済新報社、二〇〇四年）。

山岸俊男『信頼の構造――こころと社会の進化ゲーム』（東京大学出版会、一九九八年）。

与謝野有紀・林直保子「不確実性、機会は信頼を育むか？――信頼生成条件のブール代数分析」（『関西大学社会学部紀要』第三十六巻第一号、二〇〇五年）五三－七三頁。

【付記】 本章は、平成二十－二十二年度日本学術振興会科学研究費補助金基盤研究（C）「中山間地域のソーシャル・キャピタルの蓄積・革新の研究」（代表 寺尾仁）、平成二十三－二十五年度日本学術振興会科学研究費補助金基盤研究（c）「中山間地域・離島における居住の継続を支える社会関係資本の実態把握調査」（代表 澤村明）による成果の一部である。

第九章　「場所」をめぐる感情とつながり

――災害による喪失と再生を手がかりとして――

松井克浩

1　はじめに

東日本大震災から一年半近くが経過した二〇一二年夏、津波の被災地はどこも夏草に覆われていた。壊れたビルや地面を埋めつくしていたガレキは撤去され、かつてそこにあった街や人びとの暮らしの痕跡は見当たらない。歩く人のいない夏草の間の道路を、トラックやダンプが土煙を上げて通り過ぎていく。生活の彩りを欠いた静けさ。いわき市の沿岸部でも、女川町や陸前高田市など宮城県・岩手県の海沿いの地域でも、どこに行っても奇妙なほど同じ風景が広がっていた。

津波被害に原発事故の影響が加わった福島県浜通りの自治体は、とりわけ深刻な状況におかれている。多くの住民が避難を強いられ、福島県内を含む日本全国に離散したままである。震災被害を免れた人びとの生活が、「何事もなかったかのように」元通りになるにつれて、被災者の焦りや「置いてきぼり」感は深まっていく。

震災後すぐは、日本中で「絆」や「日本は一つ」という言葉が連呼されていた。想像を絶するような地震や津波の映像が繰り返し流され、大きな衝撃を与えた。また、深刻な被害を受けながらも、大声も出さず、暴動も起こさずに秩序立って行動する被災者の姿や、孤立した集落で力を合わせて急場を乗り切ってきた人びとの様子は共感を集め、多くの支援が寄せられた。

ところが時間がたつにつれて、被災地内外の「温度差」があらわになっていく。「福島産農産物や被曝した瓦礫の受け入れをめぐって被災地とそれ以外の地域で相互に傷つけあう状況すら招かれた。「絆」は自分たちの「世間」のなかで互いの主張を貫くためにしか機能せず、実は連帯よりも分断を導く」[1]。コミュニティは、津波と原発事故によって失われるばかりか、こうした「世間」の無理解や拒否、無関心や風化によって二重に失われる。さらには、先行きのみえない不安な状況を強いられるなかで、被災地内部にも格差と分断が広がりつつある。津波で家が流された人と残った人、県内避難者と県外避難者、家族のなかの高齢世代と子育て世代、などなど。

本章では、未曾有の災害によって危機に瀕した地点からコミュニティについて考えてみたい。ふだんの暮らしにおいては意識化されないようなコミュニティの諸側面が、震災による喪失と不安のなかで浮かび上がってくるに違いない。そこには問い直されるべき否定的契機とともに、未来を開いていく可能性の芽を見出すことができるだろう。

2　コミュニティと「場所」

コミュニティとは多義的な概念であり、論者によってさまざまに用いられてきた。もっとも一般的には次のように定義されよう。「コミュニティとは、親密で深い絆によって相互に緊密に結ばれた社会関係のネットワークであり、通常、一定の地理的な範囲の上に成立し、「われわれ感情」を生成するような集合体である」[2]。こうした「親密で深い絆」や「われわれ感情」によって特徴づけられる社会集団は、近代化や都市化の進展とともに、特定の機能や目的、利害関係を中心とする集団に取って代わられるといわれてきた。一般的には日常生活におけるコミュニティの役割は縮小していると考えられるが、コミュニティへの関心自体は持続している。地域社会の存在感や地域的な関係が薄れるにつれ、（だからこそ）その見直しへの関心は高まっている。この点を、〈空間と場所〉という視点から考えてみよう。

† 空間と場所

われわれの生活は、コミュニティを含む特定の空間と関わっている。この空間のうち、特になじみ深く、思い入れの強い部分を「場所」と呼び、それとの対比で「空間」も再定義されるようになってきた。

空間は、客観的で抽象的な広がりを意味しており、われわれの経験や意味づけとは無関係に存在しているものである。それに対して場所は、ある人びとにとって格別の意味をもつような特定の空間を指す。Y・トゥアンによれば、「ある空間が、われわれにとって熟知したものに感じられるときには、その空間は場所になっている」。たとえば、「故郷の町は、親密な場所である。そこは、優れた建築もなければ歴史的魅力もない平板なところかもしれないが、しかし自分の故郷の町が他所者から批判されると腹が立つ」。通りすがりの人からみれば特に特徴も魅力もなく、どうでもよいような空間であっても、「子供時代に木に登り、ひび割れた歩道で自転車を走らせ、池で泳いだ」経験は、その空間を自分にとって特別な場所に変える[3]。

われわれのアイデンティティは、こうした「生きられた空間」である場所の記憶と分かちがたく結びついている。またわれわれの日々の暮らしは、つねに特定の場所と結びつきながら成り立っているし、こうした現在性との関わりにおいて、過去の記憶も再構成されていく。それは、桑子敏雄のいう「空間の履歴」という概念とも関わる。「履歴を形成する身体空間は、思考によって捉えられるグローバルな空間とは異なり、ローカルな空間である。ふるさとを共有する人びとの出会いのなかで、しばしばそのようなローカルな空間のなかに位置する通りや店が話題を提供する。同じ空間を共有したことでお互いの履歴が重なるからである。ひとびとは、ある特定の空間での体験に、「ローカルな話だね」と思わず笑いをもらす。空間の履歴の共有こそが同郷意識をもたらし、その意識を心地よいものにする」(4)。

E・レルフは、こうした場所に対する感覚には「本物性」と「偽物性」がある、という議論を展開している。「場所に対する本物の態度は、つまり場所のアイデンティティの完全な複合体についての直接で純粋な経験として理解される。それは経験のしかたについてのまったく気まぐれな社会的・知的ファッションによって媒介されて歪められたものではなく、型にはまった習慣的行為に付随するものでもない。それは人間の意志の産物として、および意味に満ちた人間活動の舞台としての場所の存在意義に関する十分な認識、あるいは場所との深い無意識的な一体感から生ずるものなのだ」(5)。

都市化が進み、土地の効率的な利用が図られるなかで、風景の画一化や均質化が進行してきた。都市近郊のロードサイドの風景に代表されるような、個性を失った「どこでも同じ」景観が広がっている。都市部では都市計画や再開発によって、農村部ではたとえばリゾート開発によって、風景の「空間化」が進んできたといえる。だからこそ、近年「場所」に関する議論が注目を集めているのだろう。場所は、コミュニティを成り立たせる重要な基盤となるものである。とはいえ、場所の固有性、「場所のアイデンティティ」を過度に強調することは、場所のもつ可変性や政治性、権力性を軽視することにつながりかねない。場所の記憶はかけがえのないものだし、「空間の履歴」を共有するつながりは格別の親密さを呼び起こす。しかし、場所を実体視・絶対視して「本物性」

を基準にしてしまうと、狭く閉じていくことになって、むしろ場所に絡めとられてしまう事態も考えられる。

†コミュニティの捉え直し

D・マッシーは、既存の場所概念のもつ問題点として、①場所には単一の本質的アイデンティティがあるとする観念、②内面化された起源を求めて過去を掘り下げそれに基づいて内向化された歴史から場所のアイデンティティが構築されるとする観念、③境界線の確定を必要とすること、の三点を挙げている。これらの問題点を克服する方向として、マッシーが提起するのは、「進歩的な場所感覚」である。すなわち、「場所の唯一性、つまりロカリティは、社会的諸関係、社会プロセス、そして経験と理解がともに現前する状況のなかで、その特定の相互作用と相互の節合から構築される。……場所は境界線のある領域としてではなく、社会的諸関係と理解のネットワークにおいて節合された契機として想像できるだろう。このように考えることで、外に向かって開かれ、ひろい世界との結びつきを意識し、グローバルなものとローカルなものを積極的に統合してゆく場所感覚が可能となる(6)」。

こうした「場所のオルタナティブな解釈」もふまえながら、コミュニティについて考えてみたい。マッシーによれば、場所は境界線をもたないプロセスとみなすことができる。この解釈は、吉原直樹のいう「位相的秩序」と重なり合う。「もともと地縁／町内会では階級、職業が混在しており、宗教、信条もきわめて雑多である。そしてそのことがコミュニティ形成の障害にならなかったのが、これまでの地縁／町内会の最大の特徴であったのである」。差異が障害にならなかったのは、日本の地縁社会では「その場その場の状況にしたがうという「場の規範」が機能」していたからであり、「まさに異質なものの集まりにおいて位相的秩序のなかで調和を維持していくということが地縁／町内会の真骨頂であったのである(7)」。

吉原によれば、日本の地縁社会は本来「皆が何らかの意味で当事者であり、他者との伸縮自在な入れ子（もしくは入り会い）状態を介してさまざまな役割をシェアし、一定の自制を伴う自生的ルールを作り出す自存的共同体（コモンズの空間）」であり、「伸縮自在な縁」として存続してきたのである。(8) これまで地縁社会（コミュニティ）は、一方で、その閉鎖性や同質性のゆえに遅れたもの・古いものとして否定的に評価されてきた。また他方では逆に、その固有性・同一性が評価されて、人びとのアイデンティティのよりどころとして肯定的に受け止められてきた。しかし吉原によれば、そもそもコミュニティは、開放性・異質性に根ざす位相的秩序をその特徴としてきたのである。「コミュニティを構成する人びと、あるいは諸主体それぞれの文脈から出発しながら、せめぎ合いつつ離接的で脱 - 中心化された集合性をはぐくむ、しかもそれは常に暫定的で過渡的なものである。だから、いつまでも未完成なものにとどまっている。たいせつなことは、そこではぐくまれる集合性がけっして同一化に向かうのではないこと、そして何よりも、人びと、諸主体がたえず自己変容を繰り返すプロセスとしてあることである」(9)。

マッシーや吉原の指摘をふまえると、求められるべきコミュニティの像がみえてくる。それは「住まうこと」「隣り合うこと」に根ざしながらも、開放性や異質性、創発性、動態性を特徴とし、必要に応じて支え合うことが期待できるような信頼を内包した〈ゆるやかなつながり〉であろう。こうした視点から、震災を契機としてみえてくる〈つながり〉の諸相について考えていこう。

3　喪失と再生

新潟県は、二〇〇四年の中越地震、二〇〇七年の中越沖地震と、立て続けに大きな地震災害に見舞われた。特に被害が大きかった集落・地区では、その後長期にわたってふるさとを離れた仮設住宅等での暮らしを続けていくことになる。その際には、従前のコミュニティをどのように維持し、集落の再生につなげていくかということが重要な課題になった。他方、東日本大震災に加えて原発事故の被害を受けた地域では、場合によってはコミュニティの存続それ自体が危ぶまれるような状況に直面している。さらに、被災者のなかで分断と格差が顕在化する事態にも至っている。

† 山古志の再生と「場所」の力

二〇〇四年の中越地震では、震源に近い中山間地が土砂崩れや地滑りによって大きな被害を受け、孤立集落が多数発生した。旧山古志村では、全村民がヘリコプターによって避難する事態になった。救出された山古志の人びとの多くは、避難所から仮設住宅に移って避難生活を継続することになるが、「帰ろう山古志へ」の掛け声の下に現地での再生を目指した。地震から二年目の二〇〇六年夏に、われわれは仮設住宅を訪ね、山古志の人びとからお話をうかがった(10)。

避難生活を送る人びとが山古志の魅力として語っていたのは、自然の美しさや暮らしやすさ、人間関係などである。それは同時に、地震によって奪われたものである。「やっぱりあの静かなところ、自然がすごくてね。夜、星を見た時にすごい星の数がいっぱいで、「あれ、こんなに星ってあったんだっけ」っていうのがすごく印象に残ってて」(女性・四十代)。「山古志っていうのは、自然がみんな自分を癒してくれて、その環境の中で、野菜を植えたり、体が不自由でも、不自由なりに庭にお花植えたり。自分でこうしたもん育てるってそれが生きがいなんですよね」(女性・六十代)。「時間があったらお茶のみ行ったりきたり、俺らはそういうことしてきたんだ」(男性・六十代)。

帰村後の展望も、土地と結びついた生業や文化とともに切り開かれる。「山古志からかぐらなんばんを出せるっていう生きがいを見つけたんですよね」（女性・六十代）。「今度は自分の求める鯉づくりがしたいんです」（男性・七十代）。「闘牛サミットをさ、この山古志の中でやるんです。……歴史や文化、伝統は今、その人たちを支えてるんだよ」（男性・六十代）。「五〇〇年以上の歴史を、これだけ皆さんから力添えをしていただいて、簡単になくしていいのかなと」（男性・七十代）。

山古志の人びとの語りは、その多くが固有の場所と記憶に結びついている。山の暮らしの良さも大変さも、自然相手の生業や人間関係も、山古志という場所を離れてはありえないものである。生活が丸ごとその場所に結びついているのであり、この点が都市部とは大きく異なる。だから地震が奪ったものは、その生活のすべてなのであり、とりわけ高齢者にとって、その喪失感は計り知れない。

だから山古志の人びとの多くが取り戻したいと願っているのは、ただ「元の暮らし」である。より便利な暮らしでも、より活性化した集落でもなく、元通り、これまで通りの暮らしなのである。「やっぱり、帰って元の生活を取り戻すことが生きがいになってるんじゃないかな。だから、帰るまでは体だけは健康にしておかなきゃいけないけど。ムラに帰ったとき、何もできないようじゃな」（男性・七十代）。復興とは、被災者を、彼らのもつ記憶や暮らしてきた場所と切り離して新しい街をつくることではない。山古志の、とりわけ高齢の被災者にとって、すべてを失った状況から再び立ち上がるためには、山古志という固有の場所と結びついた普通の暮らし、それまでの日常を回復することが何よりの支えとなるのである。

こうした「場所」の力は、つらい避難生活を支え、帰村や復興に向けた動機づけにもなっていく。しかし他方で、少数ではあるが近すぎる関係にしんどさを感じている人もいた。「やっぱり圧迫されるんでしょうね、見えないものが。……ほとんどなんか監視されてるみたいな感じですよね」（女性・四十代）。「仮設の中が避難場所になって、格差がみえてきた。……ジーっと人の動きをね、仮設の中で見てるつらさ」（男性・六十代）。周囲の視線から緊張感やストレスを感じたり、他者との比較のなかでむしろつらさを感じたり、ということが出てくる。人間関係の近さは、この場合は圧迫として受けとめられるのである。

† 原発事故によるコミュニティの危機

東日本大震災と原発事故による深刻な放射能汚染に苦しむ福島県では、復興への足がかりさえつかめない地域が広範に存在している。原発周辺の浜通りの自治体の多くが避難対象区域に指定され、住民は福島県内外への避難を強いられた。また、福島県の中通りをはじめとする東日本の広い範囲でも放射線量の高い地点が存在しているため、子どものいる家族を中心に自主的な避難を選択する場合もある。

放射能汚染を意識せざるを得ない多くの住民が、避難するかどうか、避難するとすればどこへ避難するか、いつ従前の居住地に帰還するか、あるいは帰還せずに避難先に定住するか……といったことを選択しなければならない。原発事故は、（とりわけ避難対象区域で）「それまで定住圏のなかに一体となって存在していた「多面的な機能」」をバラバラに解体してしまい、「住民がそれらの諸要素の間で理不尽な選択を迫られている」。こうした事態を、除本理史は「引き裂かれた地域」という言葉で表現している。[11]

震災から時間がたつにつれて、とりわけ広域避難を強いられた人びとが「社会的分断」にさらされていることが明らかになってきた。避難元や避難先の相違、家族のなかでの世代や性別の相違、職業や賠償の相違などにより、「個人レベルでの人間関係の齟齬、破綻、対立といった感情的、社会関係的な側面から、補償や賠償における区別や格差の発生といった制度的な側面の双方」にわたって分断が生じるのである。[12]避難者は避難を強いられているだけで困難にさらされているのに、その内部での格差や分断に直面し、さまざまな「理不尽な選択」を強いられているのである。

他方で原発事故は、地域のなかにある「避難したくてもできない「しがらみ」」を顕在化させている。「多くの親類、友人が「復興のために」と現地に踏みとどまることに加え、多数の犠牲者が生じた過酷な現実を経て「生き残った人間がこの土地を守り、復興させることが使命だ」という強い論調がある。母親が子供のことを考えてより生活環境の良い場所に移ろうとしたところ、父親に「どうして、ここから逃げるんだ！」と反対され、狭い避難所に引き戻された実例もあるという[13]」。

次の例は、高い放射線量を示すホットスポットの存在が指摘される千葉県柏市の話である。地元の母親たちが「放射能から子供を守る会」を発足させたが、それが活動中止に追い込まれた。母親たちの間の温度差と軋轢が主な理由である。「マスクをして外を歩いていると「あの人、気にしすぎよね」といわれたり、「あんまり騒いでほしくない」という空気があるという。代表者自身も、義理のお父さんお母さんに「あんまり活動を派手にやってほしくない」「避難（二人の子どもが鼻血を出して不安になり一時九州に行かれていたのだという）していることも、おかしい」「離婚してほしい」などといわれ、これ以上活動をつづけることは困難と感じているという。「ただの放射能だったら楽なのに、温度差ができてしまって、気にする人と気にしない人が出てることでこういう、そっちのほうがどっちかっていうと苦しいですね[14]」」。これもまたコミュニティの現実であろう。

地域のなかにはさまざまな考えをもつ人がいて、自分とは違っていてもそれぞれが尊重されるべきだ、ということにはなかなかならない。〈違う〉人に対する拒否反応や批判が、「放射能汚染より、人間関係が、苦しい」という事態を生み出してしまう。みんな一緒に助け合い、支え合うというコミュニティの良さは、こうした規範を侵犯するとみなされた存在に対する過剰なほどの拒絶と裏腹なのかもしれない。

こうした事態をもう少し俯瞰的にみると、次のような見方があてはまるだろう。「伝統的な日本社会の諸ルールは、良きにつけ悪しきにつけ、全体の中の構成員としての「役割期待」と、全体への「調和への要請」に満ちている。例えば、何らかの利益衝突が起きたとき、人はよく「お互い様」を語る。意見の相違も多数決で黒白を決するよりは全員一致を求めて話が練り上げられる。様々な対立も、うまくことが運べばよしとして、争いごとは「水に流し」、どこに問題があったのかを最後まで明らかにすることを避けようとする」[15]。もちろん、たとえば震災直後の秩序だった行動や、地域で協力して困難な被災生活を乗り切ることを可能にしているのは、こうした「伝統的な日本社会の諸ルール」によるのかもしれない。こうした意義をふまえた上でなお、〈それぞれでいい〉を阻むものに目を向けていく必要がある。

4　関係と時間に開かれたコミュニティ

コミュニティのつながりは、そこに住む人びとを支え、励ますと同時に、縛り、排除するものでもある。人間がつくる社会集団は、多かれ少なかれみなこのような両面性をもつのかもしれないが、それを見据えつつ〈よりましな〉関係のあり方についてもう少し考えてみよう。

山古志のような山村の復興・再生をどのように考えていけばよいか。現場にもっとも近い行政担当者は、次のように語っている。「いままでの過疎対策は、定住促進ということで若者定住、企業誘致が目指されてきました。しかし、定住に偏するあまり、本来必要な施策に至らなかったところもあったと思います。本当に必要なのは定住のみでなくてもよいのではないか。環境が守られ、棚田が荒れなくて、文化が守られる。集落が持続され、ゆったりと暮らせるのが本来の目的ですから、そこで暮らす人、そこに来て交流・活動する人があってもいいわけです。活動人口でもいいのです。この環境を楽しみたい人は、短期、中期、長期でも、ここに止まって活動に従事しながら生き甲斐を見つけられる仕組みをつくることが可能ではないか[16]」。

定住人口を増やすことを目的とするのではなく、さまざまな形で山古志に関わる活動人口を増やすことを目的とする。メンバーを限定せずに、関係に開かれた、出入り自由なコミュニティの構想である。さらに、復興への時間についても次のように言及されている。「住民の中で議論して最初に結論が出たのは、ゆっくり時間をかけて復興に取り組もうということでした。一五〇〇年続いている山の暮らしも山の文化も、一朝一夕には回復できません。人間というのは、長生きしても一〇〇年。本当に活動できるのは六〇年。災害は何百年に一回、何千年に一回です。自分たちが被害を受けたからといって、自分たちの世代でみんな解決し、復旧しなければならないというのは、歴史を無視した考え方です。一人の人間は死んでしまうが、世代をつなぎながら培ってきた生活や文化を引き継いでいけばいいわけです[17]」。山の暮らしや文化の長期にわたる持続性に思いをはせ、世代を超えてそれを引き継いでいこうというのである。

福島県富岡町では、原発事故によりすべての住民が故郷を離れた避難生活を余儀なくされている。この町の小中学校のＰＴＡ関係者を中心とする住民有志が、二〇一二年二月に「とみおか子ども未来ネットワーク」（以下、「子ども未来」と略記）という市民団体を作った。この会の設立趣意書には、次にように記されている。「私達は富岡町で育ち、学び、助け合い、人生を築いてきました。そんな私達の人生と古里はあの日突然奪われ、そして今度は未来の選択権までも一方的に奪われようとしています。富岡町民である誰もが、目を閉じれば今も、富岡町の街並み、木々、花々、海原、そして路地の隅々まで眼に浮かべる事が出来るでしょう。富岡町で家庭を築き、この地がかけがえのない古里になるはずだった子供達のことや、この地に墓を持ち先祖代々脈々と受け継ぎ、大切に守ってきた祖先達のことを思うと悔しくてなりません[18]」。

およそ一万六千人ほどの富岡町民が、福島県内の他地域を含む全国に散らばって暮らしている。「子ども未来」

の中心メンバーたちは、住民同士で話し合い、意見を述べる場がないまま、避難指示区域の見直しなどが一方的に決められていくことに危機感を覚えていた。そこで、全国各地で富岡町民の意見交換の場（タウンミーティング）を設けたり、子どもを中心としたイベントを開催するといった活動に取り組んでいる。その背景にあるのは「何年かかっても何百年かかっても私達の古里である富岡町のバトンを未来に繋げたい」という思いである(19)。子育て世代を中心とした運動であるが、自分の子どもを守るだけでなく、「町の子ども」の未来を考えようとしている点が重要だろう。タウンミーティングの参加者からも、子育てを地域で、町ぐるみで行なってきたことが繰り返し語られた。「町で子育て」というのも、富岡の人びとにとっての、重要な「場所の記憶」なのである。こうした共通の基盤に立つことによって、広域に分散し、さまざまな利害を背負った「町民をつなぐ」ことを目指している。

5 むすび

災害は、日常生活のなかに潜在しているさまざまな要素を顕在化させ、その問題性や可能性を明るみに出すはたらきをもつ。人間が作り出すコミュニティに関しても、それは例外ではない。コミュニティは、苦難の被災生活を支え、再生への足がかりになると同時に、被災者個人の選択や行動の自由を縛り、理不尽な苦しみをもたらしかねないものでもある。

そもそも人間は、生まれる場所を自分で選ぶことができない。その始まりにおいて、いずれかの地点に産み込まれ、編み込まれるという本源的な受動性をもつ。その一方で、何らかの機会に自分が住む場所を距離化・対象化し、新たに意味づけし直すこともある。こうした捉え返しと意味づけは、受動的でもありかつ能動的でもある人間の主体性の根拠ともいえる。災害――とりわけ故郷を離れた長期にわたる避難を余儀なくされるような甚大な災害――は、こうした捉え返しと意味づけの機制を否応なく起動させる。被災者の目から見たコミュニティは、そこに〈自然にあるもの〉ではもはやない。苦労して折り合い、作り上げていくものなのだ。

コミュニティは、意味づけをめぐる闘争の場でもある。一方では、自由競争と自己責任が強調され、たとえば効率性の悪い山里の暮らしは否定される。他方では、コミュニティや「ご近所の底力」が過度に強調され、行政機能の丸投げや住民のタテ関係の系列化がはかられるだろう。その双方を回避するためには、先にみたような、開放性や異質性、創発性、動態性といった要素が重要になってくる。

そのために必要なことは、第一に、風通しのよい関係づくりであろう。たとえば、集落を出たけれども通いで農業を営む人や長期・短期の滞在者をコミュニティのメンバーとみなすこと、どこに住んでいても町民であるという一点でつながり、分断を乗り越えようとすること、である。離脱する自由、出入りする自由を確保した上で、ゆるやかなつながりの維持をはかることが重要であろう。

必要なことの第二は、長期的な時間の展望である。コミュニティのメンバーを現行世代で完結させて考えるのではなく、次の世代、その次の世代……を視野に入れ、世代を超えたつながりを構想するのである。当面の暮らしの維持・再生という緊急性のある課題と同時に、数世代にもわたる山の暮らしの再生、故郷の町の再生を展望することである。

その際、山古志の棚田や闘牛、富岡の桜並木といった「場所の力」は、大きな役割を果たすだろう。それは「かけがえのなさ」を想起させ、人びとを長期にわたってつないでいくシンボルになりうる。人びととの暮らしを支えるとともに、流れに抗して誇りと人権を守る手がかりにもなりうる。

日本の社会は、成長の時代から、ゆるやかな下降・縮小を意識しつつ維持・持続をはかる局面に転換しつつある。コミュニティの再評価や位置づけ直しも、この流れに沿うものだろう。続発する災害は、これまでの価値意識や生活意識を問い直し、こうした転換をクリアに示す契機にもなった。たとえ活気にあふれてはいなくても、日々の小さな幸せをかみしめることのできる暮らし、〈それぞれであること〉を認め合い、支え合えるようなつながりへの転換である。

（1）武田徹「実用教育の場から若者の承認欲求を満たす場へ」（『中央公論』二〇一二年二月号）三九―四〇頁。
（2）松本康「都市空間の変容と住民」宮島喬編『現代社会学』（有斐閣、一九九五年）二一四頁。
（3）イーフー・トゥアン、『空間の経験』山本浩訳（ちくま学芸文庫、一九九三年）一三六、二五六―二五七頁。
（4）桑子敏雄『感性の哲学』（ＮＨＫブックス、二〇〇一年）六七頁。
（5）エドワード・レルフ『場所の現象学』高野岳彦他訳（ちくま学芸文庫、一九九九年）一六三頁。
（6）ドリーン・マッシー「権力の幾何学と進歩的な場所感覚」（『思想』二〇〇二年一月号）四一頁。
（7）吉原直樹『コミュニティ・スタディーズ』（作品社、二〇一一年）八二―八三頁。
（8）吉原直樹『時間と空間で読む近代の物語』（有斐閣、二〇〇四年）九三頁。
（9）吉原直樹『コミュニティ・スタディーズ』（作品社、二〇一一年）二五頁。
（10）新潟大学人文学部の授業「社会調査実習」の一環として実施されたもので、聞き取りの対象者は、当時まだ避難指示が継続中だった旧山古志村六集落の住民の方々（男性二十名、女性三十一名）である。
（11）大島堅一・除本理史『原発事故の被害と補償――フクシマと「人間の復興」』（大月書店、二〇一二年）四五―四七頁。
（12）山下祐介・山本薫子・吉田耕平・松薗祐子・菅磨志保「原発避難をめぐる諸相と社会的分断――広域避難者調査に基づく分析」（『人間と環境』三十八巻二号、二〇一二年）一四頁。
（13）栗原彬他『3・11に問われて』（岩波書店、二〇一二年）一八四―一八五頁。
（14）中村和恵「日本のこころ」（『世界』二〇一二年二月号）二八一―二八二頁。

（15）河上正二『歴史の中の民法――ローマ法との対話』（日本評論社、二〇〇一年）六〇―六一頁。
（16）青木勝「山古志の復興は山の暮らし・集落の再生」岡田知弘・にいがた自治体研究所編『山村集落再生の可能性』（自治体研究社、二〇〇七年）五五頁。
（17）同前、五七―五八頁。
（18）「とみおか子ども未来ネットワーク」設立趣意書、二〇一二年二月十一日。
（19）同前。

III　表象と生の広がり

第十章　祈りの言葉とイメージの力

細田あや子

何かを前に手をあわせて祈りを捧げたことはあるだろうか。祈りという言葉で表現できないかもしれないが、何かを願う、思いを込める、ということはないだろうか。宗教なんて信じないという人でも、社寺を訪れるとまわりにつられてなんとなく手をあわせてしまったり、何か困ったことが起こったとき、その状況が改善するよう心のなかで助けを求めることも、ときにはあるだろう。そのような場合、何に対して、誰に向かって祈るのか。何かを念じる、希求する、言葉を唱えるということに対象はあるのだろうか。現代の私たちには、祈りの言葉は縁遠くなってしまったかもしれないが、たとえば以下にみる土偶が東北地方で出土したことを思うと、二〇一一年の大震災以前とは異なって目に映る。祈り、儀礼を行なう人びとの画像をみながら、宗教現象である聖の体験について考えてみよう。

1　祈りの身ぶり、儀礼の図像

† 祈る人

東日本を中心にさまざまな土偶が出土しているが、その身ぶりから慈しみの心、あるいは信仰心を感じさせるものがある。縄文時代中期から後期後半の土偶で「ポーズ土偶」といわれるもののうち、図1（福島県上岡遺跡出土、縄文時代後期後半、高さ二一・三センチ、福島市教育委員会）は、両膝を立てて背を丸め、折り曲げた左腕に右手をあてて何かを胸に抱いているようなしぐさに見える。子どもを抱く母親だろうか。図2（青森県風張遺跡出土、縄文時代後期後半、高さ一九・八センチ、八戸市教育委員会）も屈折像土偶で、両膝の上で両手をあわせて合掌しているような振る舞いである。このようなしぐさの土偶が作られた背景には、集団的祭祀の実践が推測される。宗教的儀礼が存在しており、超自然的存在あるいは超越者などに対して人間の祈り、願いが向けられていたであろう。超越者の造形的表現はなくとも――不可視とされていて視覚化されなかったのか――、このような祈りの身ぶりをした土偶がのこっていることで、祈祷、礼拝、儀礼といった行為が行なわれていたと考えられる。(1)

同様に祈りのしぐさを表現しているものとして、古代メソポタミアからは、図3（シリア、マリ出土、紀元前二四〇〇年頃、高さ五二・五センチ、ルーヴル美術館）のような像がある。胸の前で手を組み、視線は上方に向く。目を大きく見開き、口元は微笑んでいるようでもある。像の背面に刻まれた銘文によると、この人物はマリの代官で、この像は女神イシュタルの神殿から出土した。(2) 人間を超越した存在者へのまなざしが感じられる。図4（イラク、おそらくラルサ出土、紀元前十八世紀、高さ一九・六センチ、ルーヴル美術館）は、台座の上で片方の膝を立て、左手を顔の前に近づけたしぐさの礼拝者像である。親指と人差し指、中指をあわせ（何かをもって）鼻に近づける身ぶりは、おそれかしこむ姿である。(3)

このように祈る人物像の作例から、彼ら・彼女らの祈りが捧げられる対象が想定されていたと考えられる。神、超越者といえる存在が、このような祈りのしぐさをする人間を通してうかがわれるのである。その点に関して興

図２　土偶

図１　土偶

図４　礼拝者像

図３　マリの代官エビー・イル

図５　神アッシュルと市の館の印章の印影

図６　ハムラビ法典碑（部分）

味深いのは、神アッシュルと市の館の印章である。その印影（図5、イラク、ニムルド出土、紀元前十九－十八世紀前半、高さ二・五センチ、イラク、イラク博物館）をみると、右手を鼻の前にあげた祈りをする礼拝者像と、とりなす女神の姿はあるが、その向かいの祈りの対象となる神アッシュルがいるはずの部分が空白になっている。神アッシュルが土地の神格化であるため、神像をどのように表現するのかということがまだ定まっていなかったと考えられている（4）。

† 祈る人とその対象

ルーヴル美術館にあるハムラビ法典の石碑の上部には、太陽神シャマシュに対して祈りのしぐさをするハムラビ王が浮き彫りにされている（図6、イラン、スーサ出土、紀元前十八世紀前半、ルーヴル美術館）。神は擬人化され、神のシンボルである角冠を頭にかぶり、棒と輪を手にする（5）。

仏教美術においても礼拝している者たちの描写は多い。仏像そのものが作られる以前には、ストゥーパ（仏塔）や法輪、聖樹（菩提樹）、傘蓋《さんがい》などによって釈尊を象徴的に表わしていたが、それに対して供養、礼拝している人びと

図７　仏足跡を礼拝する女性たち

図８　仏伝五相（中央に従三十三天降下）

の姿が広く見出される。仏足跡を礼拝している女性たちのこの浮彫も、さまざまなポーズで祈る様子を生き生きと伝えている（図7、インド、アマラーヴァティー出土、二世紀、高さ一六センチ、マドラス州立博物館）。仏足跡の礼拝は、「従三十三天《じゅうさんじゅうさんてん》降下《こうげ》」の場面にも認められる。これは、仏陀が母に教えを説くため三十三天に上り、説法を終えて梵天《ぼんてん》と帝釈天《たいしゃくてん》に伴われて地上に戻ってきたという話に基づく図像といわれている。[6] 図8（インド、マトゥラー出土、高さ六五センチ、マトゥラー博物館）では、仏伝の諸場面が表現された浮彫の中央に「従三十三天降下」の場面が配置されている。三基の階段（宝階）が垂直に描かれ、その下段に、釈尊が両脇の梵天と帝釈天とともに降り立ったところである。中央の釈迦の足元に平伏して両手をあわせて礼拝している人物がいる。この浮彫では、仏伝の五つの物語が時間的経過にしたがって右から左に進行するなかで、「従三十三天降下」だけはその時間の流れを無視して中央に配置されており、この場面が特別視されていたことがうかがえる。「従三十三天降下」の階段は、天と地を結ぶ、つまり異次元どうしを結ぶものとなっている。[7] 階段の上、天上には釈迦のターバン冠飾（仏髪）と仏鉢が置かれており、これも仏陀の存在を示唆するものである。

両手をあわせ額を地面につけるほど前かがみになって祈りを捧げている姿としては、コンク（フランス）のサント・フォア修道院聖堂タンパンの聖女フォアの身ぶりが想起される。コンクの聖堂は、ロマネスク建築の代表的な作品である。聖堂西正面の教会堂扉口のタンパンには、大きく三段に分かれた構図で「最後の審判」が配置されている（図9、十二世紀初頭－一一三〇年頃、コンク、サント・フォア修道院聖堂タンパン）。中央には、歴史の終末時に再臨するキリストが審判者として座す。終末時にキリストがこの世へ顕現するというヴィジョンが強調され、聖なる空間がタンパン上にすでに開示されている。エリアーデの言葉を用いると、ヒエロファニー（聖なるものの顕現）といえる。(8)

図9　最後の審判

図10　最後の審判（部分）

最下段の左側の屋根の上の部分で、額を地につけるようなしぐさで両手をあわせて祈っているのが聖フォアである（図10）。彼女の前には神の右手が差し出されて、その上には AD CELI GAUDIA（天上での喜び）という言葉が刻まれている。彼女の祈りが神へ届けられ、神が彼女に応答する。それは、この現実の世界のなかへの神の顕現であり、ここにも聖なる空間が出現している。アーチの梁には解

図11　ロベール・カンパン『聖グレゴリウスのミサ』（コピー）

かれた手枷、足枷が掛かっているが、これは聖フォアによって解放された囚人たちが奉納物として捧げたものである。

　身を前へ投げ出してひたすら祈る聖フォアの姿は、このタンパンのなかでも印象的な場面の一つである。終末時にキリストが再臨し、最後の審判を下し天国と地獄に分けられるが、その将来の時間のなかに、今、ここのコンクの聖堂にあって現実に働きかける聖フォアがいるということを明示する。同様に聖堂内にある聖遺物容器も、聖フォアの力が今なお及ぶことを示すものである。いつか訪れる遠い終末時が想定されているのみではなく、そこにすでに現在の時間が交差している。

　同じく現実の世界とヴィジョンが交錯されている画像として、「聖グレゴリウスのミサ」という図がある。教皇グレゴリウスが祭壇の前でミサを行ない、祈りを捧げていると、受難のイエスが顕現したという（図11、一五〇〇－一五一〇年頃、ブリュッセル王立美術館）。教皇の前の祭壇上には、聖杯（カリス）や祈祷書、蝋燭などが見えるが、聖体（ホスティア）は見当たらず、その受け皿だけが置かれている。まさに出現したイエスの身体が聖体なのである。キリストは、十字架にかけられたあとの姿、受難の苦しみを受けたあとの姿で、祭壇上で、または棺のなかから立ち上がろうとしている。十字架での傷口を手で示している場合もあり、胸の傷口から血が祭壇上の聖杯に注がれているキリストが現われたというヴィジョンがここに描出される。祭壇上に置かれた聖杯や白い聖体布（コルポラーレ）、蝋燭などの典礼具、そしてそこで発せられる祈りの言葉、賛美歌のメロディ、お香の香りや煙など、ミサ、儀礼で用いられるものたちがそれぞれ共鳴しあってイエスの顕現を生じさせたとも考えられる。この画像は、実体変化（transsubstantiatio）を提示したものという神学的解釈もなされているが、神学的言述というよりは、見えるものと見えないものの多層的な喚起力を表わしているという見方が適切であろう。(9)

祭壇の周囲に置かれたさまざまなイメージから喚起されるミサの重要性とともに、画像のなかのキリストのヴィジョンは誰にもっとも訴えかけるものなのか（教皇グレゴリウスか、周囲の聖職者か、信徒たちか、あるいはこの画の観者か）といった点も多義的な解釈を可能とする。この図像には、受難のイエス、復活のイエス、聖体の象徴、ヴィジョンとして心のなかに想起されるイメージ、といったキリストについての複数のイメージが織り込まれている。

2　イメージへの礼拝

†イコン

「聖グレゴリウスのミサ」の図像では、ミサを行なっているグレゴリウスの周囲にイエスの顔が描かれたイコンや十字架磔刑像がかけられている。ものとしてそこに実在している像と、ヴィジョンとして現われたイエスの像とがダブル・イメージとなっている。キリスト教徒はミサを捧げることにより、心のなかで受難のイエスを思い浮かべる。イエスの顔（聖顔）が描かれたイコンは、そこにヴィジョンをもたらす。イエスの十字架像はものであり、かつヴィジョンでもある。

このような像・イメージの多層性を考えるため、画中画となっているイコンを取り上げるが、そのまえにイコンについて簡単に説明しよう。ビザンツ世界では、八世紀のイコノクラスム（聖像破壊運動）によって、イコン擁護派と反対派との間で神学的論争が起こった。最終的にはイコン擁護者の説——受肉によって人の姿をとった神を子、キリストとして描くことができる。原型と似姿の関係を表わすもので、イコンは天上の原型（神）を想起させるものである——が認められ、教会内でイコンが制作されるようになる。イコンに対する礼拝は、イコンの板絵そのものを礼拝するのではなく、イコンを通して天上の神を礼拝するという考え方が基本となっている。だがしかし、イコンそのものを礼拝するのではない、心は見えない神へ向けられているといっても、実際に東方正教会の聖堂内へ入ってみると、ガラスカバーをつけたイコンに接吻し、手をあわせて祈りを捧げる信者の姿がよくみられる。今ここに目の前にあり触れることのできるイコンは、信徒にとっては単なるものではないのである。むしろそれは大きな力をもっているようだ。

イコンそのものが生きているように動いたり、奇跡を起こしたりするエピソードは、キリスト教世界ではトポスとなっている。そのような物語の一つがロシアで制作されたイコンに見出される。このイコン（図12、十五世紀末、一三六・七×一〇〇・二センチ、トレチャコフ美術館）には、一一六九年、ノヴゴロドとスーズダリの二公国間の戦いの際、聖母が描かれたイコンによって起きたとされる奇跡物語が三段に描写されている。画中画として両手を左右に広げたオランスの姿勢の聖母——胸部に幼児イエス——のイコンが三回登場する。上段左側では、聖堂の前で聖職者や信者たちがイコンに向かって手をあわせている。その隣の場面のノヴゴロドの城門前では、高く掲げられたイコンに対しひざまずく人びともみえる。中段は、ノヴゴロド公国とスーズダリ公国の使者団による談判の場面だが、話し合いはつかず、城内に掲げられた聖母のイコンに、スーズダリの軍隊から放たれた矢が当たってしまう。このイコンは城壁を守ると信じられていたが、聖母の目に矢が当たり、聖母は涙を流したという。

下段では、激怒したノヴゴロド軍が反撃してスーズダリ軍を打ち負かした様子が描かれている。聖母のイコンがノヴゴロド軍に勝利をもたらしたという奇跡が、物語絵画として描写されており、イコンに対する人びとの信仰とイコンの果たした役割がうかがえる。

このイコンのなかに描かれた、奇跡を起こすとされる聖母子のイコンは「プラティテラ型聖母子像」といわれる図像だが、ロシアでは特に「しるしの聖母」とも呼ばれる。それは、旧約聖書のイザヤ書の聖句「それゆえ、わたしの主が御自ら／あなたたちにしるしを与えられる。見よ、おとめが身ごもって、男の子を産み／その名をインマヌエルと呼ぶ。」（7：14）に基づき、神によっておとめが男の子を産むこと、その名前がインマヌエル（神はわれらとともに）と呼ばれることを神によるしるしと捉えることによる。予型論的解釈によって、神の意図によりおとめが救い主を産むということが強調されている。そこからマリア崇拝へとつながり、敵陣を打ち負かす聖母、神の子を産む聖母の力が前面に出ている。

図 12　奇跡を起こす聖母のイコン

† マンダラ

儀礼という宗教実践で用いられるもの、道具として、密教のマンダラの役割も興味深い。インド密教の文献のなかには、行者が瞑想の世界のなかで作り上げる「観想上のマンダラ」と、実際に色のついた砂などを用いて地面に作られる「描かれるマンダラ」という二種のマンダラの語法がある。(10) 瞑想のなかで心に表象されるマンダラと、実際に目にすることのできるマンダラとは、対になるイメージである。行者たちの観想においては、大きな円で示された世界の中心にある正方形の楼閣のなかに仏たちが生み出されてゆく。はじめにマンダラの中尊である中央の仏が観想され、続いて中央から周辺、底辺へと階層化された尊格が配置されてゆく。

このように世界全体の中央に位置する中尊を中心にさまざまな仏たちによって構成されるマンダラが描かれたものは、弟子の入門儀礼である灌頂《かんじょう》や、神像(仏像)や寺院の完成時に行なわれるプラティシュターという完成式で用いられる。したがって、描かれるマンダラは「儀礼のためのマンダラ」ともいえる。灌頂とプラティシュターは類似した構成で、双方とも儀礼の対象となる弟子や尊像などを聖化する儀礼であるため、このような儀礼のために作られるマンダラは、弟子や尊像の聖別のための機能を果たすと考えられる。いずれの儀礼の場合も、準備段階で地面にマンダラが描かれ、儀礼の装置としてその後に続く儀式で用いられ、儀式が終了すると壊される。マンダラに描かれた仏たちは聖別の儀礼に先立ってその場に招かれ、儀礼が終わるまでその場にとどまるのである。このように用いられるマンダラは神仏を招来するための場、依代《よりしろ》といえる。(11)

3　神と人間とのコミュニケーション

† 行為主体としての神

神像や仏像、イエスや聖母子像などの造形物を目の前にして、あるいはそれらが実際になくても、心で何かを想起しながら祈りや儀礼を行なうのはなぜだろうか。それは、その祈りや儀礼が向けられた超越的存在から何か応答を求めようとするからであろう。人間を越えたより大きな存在、絶対者、超自然的存在者などとコミュニケーションをはかろうとしているのである。祈りの言葉やイメージの想起、さらに儀礼の最中に流れるメロディ、音楽や香りあるいはまた身体の動き、身ぶりなどを通して、神、絶対者との対話が行なわれる[12]。

祈り、供犠や儀礼は、宗教の根本にあるといえるが、それは、人間と神や超自然的存在者、超越者との相互関係に基づくものである。神を、人間と相互作用する人間のような存在、行為者（agent）とみなす見方は、「心の理論」からも説明が試みられている。「心の理論」とは、他者の心の状態を推測、読解する能力のことだが、人間には、人間以外のものにも自分たちと同様の心があるとみなす傾向があり、神や超越者とされるような存在者にも心があって、人間と相互にコミュニケーションできると考えられている。人間の周囲にあるさまざまなもの（特に動く複雑なもの）を、信念や欲望をもつ行為主体とみなそうとする衝動は、人間の生態に深く根ざすもので、そこから進化論的に宗教や信仰、神、超自然的存在について解明しようとする試みが、人類学、心理学、哲学などの分野から多角的に活発になされている[13]。

コミュニケーションとしてみると、人間の祈りや儀礼に対して、絶対者、超越者の応答が超越的存在の力や聖なるものとして人間に顕現する。祈りの言葉や身ぶり、神仏像、神仏画、儀礼で用いられるものなどが人間と聖なるものとの間にメディア（媒介）として機能する。このように、言葉とともに、ものや音楽、香りなど人間の五感に訴えかけるものの力は、宗教現象においてさまざまに作用する。

† イメージの非記号性

だがしかし、キリスト像や仏像、神像、さらに中尊を中心とする全世界の構成要素を表わしたマンダラなどは、超越者へと至る媒介物、儀礼の装置としてのみそこにあるのだろうか。仏像にむかって手をあわせるとき、そこに仏の慈悲を感じることがある。仏像を前にして、そこから慈悲や恵みが感じられるから思わず手をあわせてしまう。イメージや図像、造形、ものを通して超越者や超自然的なものの顕現、神託を経験する事例もある。パワースポットが人気なのも同様の理由によるだろう。ものや場所がパワーをもっているように感じられることがあるからだ。施無畏与《せむいよ》願印《がんいん》のしぐさで迎え入れるように私たちを見下ろす仏像、天上から右手を差し出す神、人間の祈りに耳を傾けて涙をこぼすマリア像、受難の苦しみを受け聖杯へ注がれる血を流すイエスの体、これらは単なるメディアではない機能を果たしている。

このような状況は、儀礼で用いられるものや崇拝の対象物が神や超越者そのものとみなされ得ることによる。神を表象する神像を神そのものの顕現とみなすことは、ある対象を指示しその意味内容を提示する記号を、指示された対象そのものであると解することである。意味するもの（記号表現《シニフィアン》）と意味されるもの（記号内容《シニフィエ》）という区別がなくなってゆく[14]。神像を神とみなせば、心の理論によると、神像も人間と同様心をもつということになる。神像や仏像などは、形態からも擬人化の傾向があるが、さらに心も有するとみなされるなら、それは単なるものではなくなる。

† 聖なるものを開示する言葉

このような見方は、もの、造形物だけではなく、言葉にも見出される。すなわち、出来事と言葉が同一で調和宇宙が創造される事象とみなしうる「言霊《ことだま》」という観念をここにあわせて考えると、同様の事態は造形物や像、イメージにもあてはまると想定される。

言霊の観念を「原始事実」として把握する棚次正和によると、「「原始事実」としての「言霊」は、出来事や言葉がそこから生まれ出る存在論的基盤であり、その意味で出来事や言葉となる以前の地平とともに、出来事や言葉がそこから生じる根源の地平をも示している[15]」。「言霊とは、言葉の発生と、物事の出来（世界の開示）と、霊性の発現が、同時に生起する現象である」[16]。これは、言語を意味するものと意味されるものと二分する見方が成り立たなくなることに通じる。つまり、「言語による世界裁断の恣意性、すなわち言語の非記号性は、言霊の宇宙創造性と同一の事柄を指すものである。言霊によって宇宙万象が創造されるという意味は、言葉が既成の観念や事物に対する符号であることをやめ、その自明な実践的対応関係を突き破って、言葉が世界分節の原理を回復するということである」と説明される[17]。

言霊をこのように捉えると、聖なるものの顕現という出来事が同時に言葉として生起する根源的事象は、「聖なる言葉の顕現」と理解することができる。そして、この「聖なる言葉の顕現」がもっとも顕著な仕方で現われる事例の一つが祈りであるという。「祈りの言葉」は、日常使っている言葉とは異なる。祈りの言葉には、特殊な根源性があるとされるが、それは、「聖なるものの存在全体が霊威ある言葉となって顕現すること」につながる。「祈り言における「イエス」や「阿弥陀仏」や「天照大神」は、人間からの呼称であるとともに、本来は名なき超越者の人間に対する示現にほかならない。祈りのつど、祈り言に結晶した神仏の本体が顕わになる」[18]。

このような言霊の理解を、イメージやもの、造形に適応することができるだろう。媒介という機能が変容し、言葉やイメージそのものが調和宇宙、聖なるものを開示するといえるのである。この特質は、描かれた聖の顕現図もあわせ、多くの宗教的実践において認められる。

4　祈り、儀礼、ヴィジョン

†　聖なるものの顕現

祈りを捧げている人物、礼拝や儀礼を行なっている人物を中心とした図像をみてきた。祈り、礼拝のしぐさをしている彼ら・彼女らはそのような行為を通して、それ以前とは異なる体験を受け取っている。また、祈りの言葉を唱えることにより、聖なるものが顕現されるという事態、つまり祈りの言葉には特殊な根源性があり、聖を開示する働きがあるということについても理解された。祈り、儀礼を通してヒエロファニー（聖なるものの顕現）を体験するが、これがヴィジョンといえるであろう。超越なるもの、不可視なるものの存在を感じ、神託や啓示を受けたり、宗教上の神秘、秘跡を受け取ったりする。すなわち、祈りや礼拝、儀礼とヴィジョンは、聖なるものの顕現という体験過程において通底する。祈りの言葉をはじめとして、祈りや儀礼を取り囲むさまざまなものが組み合わされて、人間の世界と超越者、絶対者の世界という異次元のものが交錯しあって聖なる空間が開示されるといえる。神や仏、超越者、絶対者への祈り、礼拝、儀礼を通して、それらの存在や力を体験するのである[19]。

このような状況を美しい画像で印象深く表現しているのが、このオットー朝の写本挿絵であろう。これは、儀礼（ミサ）とヒエロファニーとの関係を神学的考察に基づき図解している（図13、14、バンベルク注解書、一〇〇〇年頃、バンベルク州立図書館、Msc. Bibl. 22）[20]。この二点の挿絵は見開きで両頁に並ぶが、左の図13で入信儀礼である洗礼を受けキリスト教徒として生まれ変わったあと、キリスト教共同体の一員として歩みを進めてゆく。その行列の先頭にいるのは教会の擬人像としてのエクレシアで、彼女は十字架磔刑のかたわらに立っている。十字架上で息を引き取ったイエスの脇腹から血が流れているが、それをこのエクレシアは聖杯のなかに受け取り、それを人びとの行列の先頭の女性に与えている。これが聖体拝領の秘跡である。聖別されたパンと葡萄酒を信徒と共に食することは、キリスト教徒にとって最大のしるしであり、これにより、聖なる空間が開かれる。続いて隣の図14の頁に天上のマイエスタス・ドミニを中心として光り輝く神の顕現が描写されている。その周囲の金色の空間には九つの位階に分けられた天使たちが浮遊する。信徒たちは天使たちに迎え入れられつつ、地上から天上へと上昇し

図13　洗礼から十字架までの行程

図14　天への行程（マイエスタス・ドミニ）

てゆき最終的に宇宙の支配者である神にあいまみえることとなり、それがヴィジョンとなっているのである。

（1）原田正幸「土偶祭祀の構造」（『季刊考古学』一〇七、二〇〇九年）二六頁。
（2）Orthmann, W.ed., *Der alte Orient* (Propyläen Kunst Geschichte), Berlin, 1985, S.166.
（3）大貫良夫・前川和也・渡辺和子・屋形禎亮『人類の起原と古代オリエント』〈文庫版 世界の歴史Ⅰ〉（中央公論新社、二〇〇九年）三八九頁。
（4）同書、三〇〇頁。
（5）太陽神シャマシュが手にする棒と輪については、前川和也編著『図説メソポタミア文明』（河出書房新社、二〇一一年）八一－九三頁。
（6）しかし、藤原達也「ブッダの帰還――ガンダーラにおける仏像の起源について」『死生学年報二〇一二生者と死者の交流』（リトン、二〇一二年）一一七頁によると、この図像を矛盾なく説明できる仏典はないという。
（7）同書、一一八頁によると仏陀の聖遺物。
（8）エリアーデ、ミルチャ『聖と俗――宗教的なるものの本質について』風間敏夫訳（法政大学出版局、一九六九年）三－一一頁ほか。

（9）Bynum, C.W., "Seeing and Seeing Beyond：The Mass of St. Gregory in the Fifteenth Century," Hamburger, J. F. & Bouché, A.-M. eds., *The Mind'Eye. Art and Theological Argument in the Middle Ages*, Princeton, 2006, pp.208-240. これらの作品は大きさ、素材、機能などさまざまであり（祭壇画、彫刻、携帯できる祈念用のカード、版画など）、聖堂内の礼拝堂に設置されたものか、個人的、私的な観想用に用いられたのかという用途の違いも考慮に入れる必要がある。「聖グレゴリウスのミサ」の図像については、細田あや子「異次元世界の交差と合一――西洋中世のヴィジョンを中心に」栗原隆・矢萩喜從郎・辻元早苗編『空間と形に感応する身体』（東北大学出版会、二〇一〇年）一八〇－一八三頁も参照。

（10）森雅秀『マンダラの密教儀礼』（春秋社、一九九七年）二六－三一頁、森雅秀『チベットの仏教美術とマンダラ』（名古屋大学出版会、二〇一一年）六八－七二頁。

（11）森『マンダラの密教儀礼』三一－三六頁、森『チベットの仏教美術とマンダラ』七一頁。

（12）祈りの身ぶりについては、シュミット、ジャン・クロード『中世の身ぶり』松村剛訳（みすず書房、一九九六年）二九五－三二八頁も参照。

（13）ボイヤー、パスカル『神はなぜいるのか？』鈴木光太郎・中村潔訳（NTT出版、二〇〇八年）、デネット、ダニエル・C『解明される宗教――進化論的アプローチ』阿部文彦訳（青土社、二〇一〇年）、ウェイド、ニコラス『宗教を生みだす本能――進化論からみたヒトと信仰』依田卓巳訳（NTT出版、二〇一一年）、ベリング、ジェシー『ヒトはなぜ神を信じるのか――信仰する本能』鈴木光太郎訳（化学同人、二〇一二年）など参照。

（14）細田あや子「宗教美術研究序説」市川裕・松村一男・渡辺和子編『宗教史とは何か』下巻（リトン、二〇〇九年）四一四－四一五頁、細田「美術と宗教」星野英紀・島薗進ほか編『宗教学事典』（丸善、二〇一〇年）五三六－五三七頁。

（15）棚次正和『宗教の根源――祈りの人間論序説』（世界思想社、一九九八年）二七七－二七八頁。

（16）同書、二八〇頁。

（17）同書、二七九頁。

（18）同書、二八三頁。

（19）祈りや儀礼の場所や時間も聖なるものの顕現にとって重要である。Palazzo, E., "Visions and Liturgical Experience in the Early Middle Ages," Hourihane, C. ed., *Looking Beyond : Visions, dreams, and Insights in Medieval Art & History*, University Park, Pennsylvania, 2010, pp.15–29も参照。

（20）この図像については細田あや子「洗礼の図像解釈――オットー朝写本挿絵を中心に」（『比較宗教思想研究』七、二〇〇七年）四七–八四頁参照。

第十一章　他者の苦しむ顔を見る
――ドストエフスキー、ホルバイン、写真――

番場　俊

1　他者の苦痛へのまなざし

† 苦痛の映像

苦しんでいる他者の顔を前にして、私たちはどうすることができるだろう?

アメリカの批評家スーザン・ソンタグは、他者の苦しみに対する映像の無力を繰り返し指摘する（『写真論』初版一九七七年）。「苦しむことと、苦しみの写真とともに暮らすことは違う。苦しみの映像は必ずしも良心と共感の能力を高めてくれない。むしろ堕落させてしまうこともある」（Sontag 1990, p.20）。メディアを通してリビングルームに入り込んだ惨劇の映像はたしかに私たちにショックを与え、同情と憤激の念を掻き立てる。だが、私たちはすぐそれに慣れてしまう。鼻が悪臭に慣れ、眼が暗闇に慣れるように、私たちは映像の恐怖に慣れる――あるいは、慣れなかったとしても、見ないですますことができるようになる。二〇一一年三月十一日の震災とそれにつづく原発事故を経験しなければならなかった私たちは、いまそのことを思い知っているはずだ。

それだけではない。厄介なことに、他者の苦痛を見る快楽というものもあるのだ。二〇〇一年九月十一日アメリカ同時多発テロ事件の衝撃のなかで書かれた第二の写真論『他者の苦痛へのまなざし』（二〇〇三年）において、ソンタグは言う。「忌まわしいものもまた誘惑力をもつ。誰もが知るように、恐ろしい車の事故の現場を通り過ぎるさいに高速道路の速度が落ちるのは好奇心のためばかりではない」（ソンタグ 二〇〇三、九四頁）。苦痛の映像に対する私たちの態度は分裂している。恐ろしい映像を安全な場所から見る者にとって、それはこのうえない見世物《スペクタクル》なのである。「写真は混じりあった信号を発信する。こんなことは止めさせなさい、と写真は主張する。だが同時に写真は叫ぶ。何というスペクタクルだろう！ と」（同書、七五頁）。『写真論』から二十年余りのときをへて、映像の倒錯と無力を糾弾するソンタグの口調は厳しさを増している。

†ゴヤ

苦悩の映像に飽和した今日において、他者の苦しみに対する感受性を取り戻すためにはどうしたらよいか。その方法を模索するために、ソンタグは苦悩の表象の歴史を振りかえる。芸術家たちは苦痛のスペクタクル化の誘惑につねに屈してきたわけではなかった。彼女は言う。「『戦争の惨禍』の暴きだす残忍さは見る者を目覚めさせ、衝撃を与え、傷つけることを意図している。ゴヤの芸術は、ドストエフスキーの芸術と同じく、道徳的感情と悲しみの感情の――道徳的感情に劣らず、深く、独自で、厳しい悲しみの感情の――表現の歴史における転換点であったと思われる」（同書、四二－四三頁）。

スペインの画家フランシスコ・ゴヤの『戦争の惨禍』は、フランス人傀儡政権に抵抗して蜂起したスペイン人に対して、ナポレオンの軍隊がおこなった残虐行為を描いた連作銅版画である（一八一〇－二〇年製作、一八六三年

図1　ゴヤ『戦争の惨禍』より，36「これもまた」

出版)。眼を覆いたくなるような残虐行為が次から次へといささかのスペクタクル性もなく描かれ、画家自身のノートをもとに友人のセアン・ベルムーデスが書き上げた短いが印象的なキャプションとともに、戦争の罪を告発する。ここではソンタグの原書英語版の表紙にも使われた一枚を挙げておこう(図1)。前景中央には木に吊るして処刑された一人の男(後景に同じく処刑された者が二人みえる)、右手では一人の軍人が頬杖をついて腰かけ、自らが執行したと思しき処刑の結果を満足げに眺めている。この一枚は、他者の苦痛のみならず、他者の苦痛を見ることを表象している点で際立っている。版画集『戦争の惨禍』に眺め入っていた私たちは、望むと望まざるとにかかわらず、この軍人と同じポジションに立たされていたことに気づかされる。私たちは、彼と同じような表情をしていたのだろうか?

† ドストエフスキー

ドストエフスキーについてはソンタグは具体例を挙げていないが、『カラマーゾフの兄弟』(一八七九‐八〇年)

には、まるでドストエフスキーがゴヤのこの銅版画を知っていて、その主題を発展させたのではないかと思わせるような一節がある（事実関係は確認できないが）。神経質な少女リーザが、かつて結婚の約束をしたこともある主人公アリョーシャに語る、子どもの虐待に関する夢想だ。

「あたし、本を一冊持っていてね、どこかであった裁判のことを読んだの。ユダヤ人がまず四歳の男の子の両手の指を全部斬り落として、そのあと壁に釘を打ちつけて磔《はりつけ》にしたんだけど、そのあと法廷で、男の子はすぐに死んだ、四時間後だった、って言ったんですって。それで「すぐに」っていうのよ！　男の子がずっとずっと呻き声をあげていたあいだ、立って眺めていたんですって。すてきだわ！」

「すてき？」

「すてきよ。私はときどき、磔にしたのはこの私だって考えてみるの。男の子が壁に架かって呻き声をあげている。そこで私はその前にすわって、パイナップルの砂糖煮《コンポート》を食べるの。パイナップルのコンポート、大好きだから。あなたは好き？」

アリョーシャは黙って彼女を見ていた。彼女の黄ばんだ顔が不意に歪み、眼が燃えるように輝きだした。

「私ね、このユダヤ人の話を読んだあと、一晩中泣きながら震えていたの。ちっちゃな子どもが泣き叫んで呻いているのを想像しながら（だって、四歳の男の子なら分かるはずよ）、でもコンポートのことがずっと頭から離れないのよ」。（第十一編三）

ゴヤにおいては成人男性どうしの関係であったものが、ドストエフスキーにおいては、まずは被害者の子どもと加害者の成人男性に、次いで被害者の子どもと加害者の少女の関係に置き換えられている。ロシア語では好色な人間のことを「スラドストラースニク」――すなわち「甘いもの《スラド》」を「情熱的に好む《ストラースヌイ》」人間――と言うが、他者の苦痛を前にして、文字通り甘いものを食べながら恍惚となっているサディストの役に、まだ十代の少女を配したドストエフスキーの演出は強烈だ。被害者を子どもに変えた点からは、あちこちの新聞や雑誌から幼児虐待の記事を蒐集しているアリョーシャの兄イワンが想起される。夜中にもらしてしまったうんちを顔に塗られ、一晩中便所に閉じ込められて泣きとおした女の子がいる。領主の飼い犬にけがをさせてしまったばっかりに、母親の眼の前で数十頭の猟犬に噛み殺された男の子がいる。彼らの苦しみは償われずじまいだ――罪のない子どもたちの苦しみを償うことができるものなど、この世に存在しないのだから。無神論者イワンは見習修道士アリョーシャを挑発して言う、――子どもたちを苦しめた迫害者を赦すことができる者など誰もいない。おまえが信じている神の調和とやらが、償われることのない子どもたちの涙を土台にして建設されねばならないのだとしたら、そんな調和が何になる？（第五編四）。

子どもたちの苦しみに問題を集中させることによって、他者の苦しむ顔を前にした私たちの倫理の問いを極限まで突きつめようとするドストエフスキーが、「地上でただ一人罪なき人」の苦しみという問題に逢着していたのは偶然ではない。完成の極地でありながら、ほかならぬ私たちのために罪なくして苦しめられ、死ななければならなかったキリスト。その苦しむ顔を前にして、私たちはいったいどうすればよいのか？――これが、ドストエフスキーが長編小説『白痴』（一八六八年）で追究しようとしていた問いである。そこで鍵となるのは一枚の絵画だ。

2　墓の中の死せるキリスト

†バーゼルの美術館で

一八六七年八月二十四日（露暦八月十二日）、外国滞在中のドストエフスキー夫妻は、バーデンからジュネーヴに向かう途中で一日だけバーゼルに立ち寄る。当地の美術館で高名な画家ハンス・ホルバイン（子）の作品を見るためであった。バーゼルで見たホルバインの『墓の中の死せるキリスト』（一五二一／二二年）の印象は、『白痴』の構想に決定的な影響を与えることになる。まだ画集などなかった時代、ドストエフスキーがわざわざバーゼルにおもむいたのは、先輩作家カラムジンの影響であるらしい。一七八九年に当地を訪れたカラムジンは、美術館の印象をこんなふうに語っていたのである。「私はそこで、バーゼルの人でエラスムスの友人でもあった有名なホルバインの絵画を、大いなる注目と満足をもって見た。最後の晩餐の救世主はなんと美しい顔をしていることだろう！（……）十字架から降ろされたキリストに神々しいところはどこにも見られなかったが、死人の描写としてはたいへん自然だ。言い伝えによると、ホルバインはこれを溺死したユダヤ人から描いたらしい」（Карамзин 1984, с. 166–167）。

カラムジンの記述から想像していた絵と、スイスで実際に見た絵の印象はどれくらい違っていたのだろう。アンナ夫人の日記はバーゼル美術館で見たホルバインの印象を次のように記録している。「驚くほど忠実に描かれているのかもしれないが、実際、ぜんぜん美的ではなかったし、私が感じたのは嫌悪と一種の恐怖だけだった。ところがフェージャ〔＝フョードル・ミハイロヴィチ・ドストエフスキー〕はこの絵に感嘆していた。もっと近くから見たいと言って椅子の上にのぼったので、私は罰金を請求されるのではないかと思ってひやひやした」

（Достоевская 1993, с. 234）。晩年の回想は、夫がホルバインの絵から受けた衝撃をさらに劇的に描き出す。「フョードル・ミハイロヴィチは釘づけになったように絵の前に立ちつくしていた。興奮したその顔には怯えたような表情が浮かんでいて、癲癇の発作の最初の瞬間に私が幾度となく見たものと同じだった」（Достоевская 1987, с. 186）。

『墓の中の死せるキリスト』の印象は、他の画家の宗教画のみならず、ホルバイン自身の他の宗教画ともはっきりと違うものだった。それは、キリストの美に向かい合う感動どころか、川から引き上げられた溺死体を偶然目撃してしまったような「驚愕」と「恐怖」を引き起こしていたのである。たしかに、至近距離で見るために美術館の椅子に上ってみたり（なお、当時、この絵は現在よりもやや高い位置に架けられていたらしい。今日ではちょうど眼の高さにあるから、椅子に上る必要もない）、持病の癲癇発作の寸前まで追いこまれたりというのは、一枚の絵画に対する反応としてはいささか異様だ。ドストエフスキーをとらえた驚きの内実を、もう少し正確に考えてみる必要がある。

† ドストエフスキーによるホルバイン

それは実際にはどのような絵だったのか？

『白痴』においてホルバインの絵の詳細な記述《エクフラシス》が与えられるのは、小説中で主人公の負の分身のような役割を果たす青年イッポリートの「弁明」においてである（図2）。肺病で余命二週間を宣告されて自殺を決意している彼は、ロゴージンの家で偶然眼にしたホルバインの模写から受けた衝撃を思い出しながら、次のように書いている。

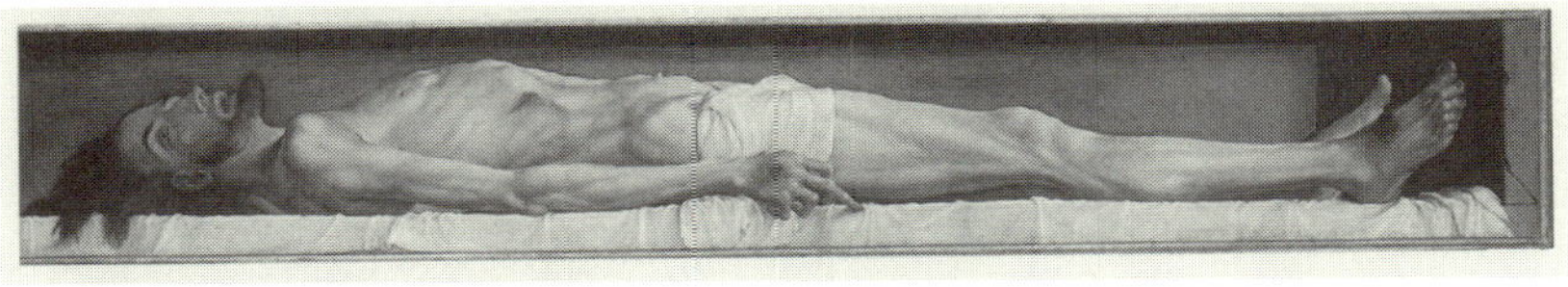

図２　ホルバイン『墓の中の死せるキリスト』

その絵には十字架から降ろされたばかりのキリストが描かれていた。普通、画家たちがキリストを描くときには、十字架の上であれ十字架から降ろされたあとであれ、その顔に並々ならぬ美をとどめておこうとする傾向があるように思う。もっとも恐ろしい苦痛の瞬間でさえ、彼らはこの美を手離そうとしないのだ。ロゴージンの絵には美のかけらもない。それはまったくもって人間の屍体であり、十字架に架けられる前からはてしない苦痛に耐え、傷つけられ、拷問され、番兵にも民衆にも殴られ、十字架を背負って倒れ、あげくの果てに、十字架の上で六時間も苦しまなければならなかった（少なくともぼくの計算ではそうなる）人間の屍体である。たしかに、それはたったいま十字架から降ろされた人間の顔だから、生きた温もりがまだかなり残っている。まだどこも硬直していないから、死者の顔には苦しみの表情が現われていて、まるでまだそれがつづいているかのようだ（画家はそれをとてもうまく捉えている）。そのかわり、顔には何の容赦もない。ここにあるのは自然だけだ。（第三部六）

『カラマーゾフの兄弟』で磔にされた子どもが死ぬまでにかかった時間が四時間、『白痴』の成人男性で六時間とされていることは、身体表現のリアリティに対する作家の異様な執着を示しているだろう。同時に、ここではドストエフスキーがホルバインの絵に与えた独自の解釈が明らかになってくる。キリストが「たったいま」十字架から降ろされたばかりだという強調は、この絵がすでに腐敗が進行した亡骸を描いたものであり、したがって復活の日の近いことを示唆するものだという、今日の美術史家たちの一致した見解と矛盾する。ドストエフスキーはさらに、この絵を前にして戦慄する生前のキリストという虚構の場面さえ、イッポリートに想像させている。「もしも先生ご自身が、処刑前夜に自分のこんな姿をご覧になることができたなら、はたして彼はあんなふうに十字架に上り、あんなふうに死ぬことができただろうか?」ドストエフスキーが強調しようとしているのは、間近に迫った復活の約束ではなく、いまはじまったばかりの解体の過程であり、自然という「暗く、粗野で、永遠に無意味な力」を前におののいている身体の不安なのである。

それだけだろうか? 『墓の中の死せるキリスト』が読者に最初に提示されるのは、主人公の宿命的なライバルでありながら、彼と奇妙な友情で結ばれてもいる商人の息子ロゴージンの家の広間である。亡き父親がオークションで安く手に入れた模写であった。この場面は、この絵の別の側面に光を当てているように思われる。

次の部屋につづくドアの上に一枚の絵が架かっていた。かなり奇妙な形をしていて、横幅は一八〇センチほどもあるのに、縦はどうみても三〇センチもない。そこにはたったいま十字架から降ろされたばかりの救世主が描かれていた。公爵はそれをちらっと見ると、何かを思い出そうとでもしているようだったが、立ちどまらずに、ドアを通り抜けようとした。ひどく気分が悪くて、一刻も早くこの家から出たかったのである。だがロゴージンが突然この絵の前で立ちどまった。(第二部四)

この直後に「こんな絵を見たら、人によっては信仰すら失ってしまうかもしれないのに!」という有名な言葉がつづくのだが、引用した箇所で確認したいのは次の二点だ。第一に、絵が置かれた場所と絵の尋常でないフォーマットが問題になっていること。第二に、主人公のムイシキンがこの絵を見ることを望まなかったこと。彼は何かを思い出すことを避けようとしている。言い換えれば、彼はここで何かを「抑圧」している。

図３　グリューネヴァルト『イーゼンハイム祭壇画』

† 実現しなかった構想

第一の問題から検討しよう。この奇妙な絵は、なぜ、何のために描かれたのか？

『墓の中の死せるキリスト』が本来果たすべきであった機能については、美術史家たちの間で長い論争がある。この絵に関する最初の記録である一五八六年の『目録』の記述がすでに「H・ホルバインの死人の絵、板に油彩」となっていて、「ナザレ人の王イエスとの題名あり」という言葉は余白に書き足されていたことが知られている。つまり、最初はこれがイエスなのかどうかも怪しかったのであり、二十世紀に入っても、チェンバレンという研究者は、この絵の本来の目的は屍体の習作であって、キリストの名を冠したのは絵を売るための後知恵にすぎなかったと主張しているほどである（Chamberlain 1913, p.102）。かといって宗教画のジャンルに当てはめるのも難しい。複数の板絵を組み合わせて構成される祭壇画――ホルバインにも多大な影響を与えたグリューネヴァルトの『イーゼンハイム祭壇画』（一五一二―一六年、ウンターリンデン美術館）が有名だ（図３

――の下部に取り付けられる細長い板絵（プレデッラと呼ばれる）ではないか――とりわけ、散逸したホルバインの『オーバーリート祭壇画』の一部ではないか――という説が長い間支持されてきたようだが、これも今日では否定されている（Rowlands 1985, p.53）。これまでの研究成果をまとめたバーゼル美術館の最新のカタログに拠れば、『墓の中の死せるキリスト』の成立事情は概ね以下のようなものであったらしい。ホルバインにこの絵を依頼したバーゼルの若き法律家ボニファッツィウス・アメルバッハの最初の計画では、この絵は、バーゼルのカルトゥジア会修道院にあったアメルバッハ家の礼拝堂に設置され、ボニファッツィウスの両親と、一五一九年に亡くなった弟ブルーノのために作られた墓碑銘パネルと組み合わされることになっていた。絵の横幅は、現存するパネルの横幅とほぼ一致するのである。墓碑銘の作成は一五二〇年だが、ボニファッツィウスのアヴィニヨン留学のために計画は遅れた。学位を取得した彼が故郷に戻ってきたとき、バーゼルは宗教改革の前夜であり、宗教画に対して批判的な意見が高まりつつあった（バーゼルで実際に大規模な聖像破壊が起こるのは一五二九年二月のこと）。空気の変化を察知したボニファッツィウスは、墓碑と絵を組み合わせる計画を放棄する。碑文と家族の紋章だけが刻まれた墓碑が最終的に設置されたのは一五四四年であり、『墓の中の死せるキリスト』はボニファッツィウスから息子のバジリウスの手に渡って、彼の収蔵室（Kunstkabinet）に収められる。一六六一年、アメルバッハ家収蔵室の蒐集品はバーゼル大学とバーゼル市の共同出資によって買い取られ、公共の美術館としてはヨーロッパでも最古といわれるバーゼル美術館の母体となった。一般公開の開始は一六七一年である（*Kunstmuseum Basel*, pp.5, 39）。

ここから第一に確認できることは、美術館の椅子の上に立ってキリストの屍体を至近距離から眺めようとしたドストエフスキーの振る舞いの正当性である。墓碑銘の上の絵は、下の縁がちょうど立った人の眼の高さにくるように設置される予定であり（*Hans Holbein the Younger: The Basel Years 1515–1532*, p.259）、ドストエフスキー夫妻が訪問した当時のバーゼル美術館の展示方法やそれにならったロゴージン家での配置とは違って、下から見上げることを意図していたのではなかった。第二に、ロゴージンの家を「墓のようだ」と形容したムイシキンの直感の正しさ。『墓の中の死せるキリスト』は、文字通り「墓」の内部に設置されるべきものであったのである。だがいっそう重要なのは、この絵が本来の場所に置かれ、本来の目的に奉仕したことは一度もなかったという事実だ。ベンヤミンの有名な対概念を用いて言えば、この絵は自らの「礼拝価値」を一度も実現しないうちに、美術館における「展示価値」を獲得してしまう。ストイキツァが指摘しているように、ドストエフスキーをなによりも驚かせたのは「十字架降下を主題とする絵画が美術館にあるという事実」（ストイキツァ 二〇一〇、一七六頁）だったのかもしれないのである。

† 見るべきではなかったもの

ムイシキンはなぜこの絵を見ることを望まなかったのかという第二の問題は、この絵においてキリストの身体を照らし出している光から考えてみることができるだろう。墓のなかに漏れてくる光がどこから差し込んでくるのか――足元の小さな隙間からなのか、それとも上方からなのか――については研究者たちの意見が割れているようだが、いずれにせよ、絵の手前から差し込んでいるようには見えない。考えてみれば不思議なのだ。当たり前すぎてあまり指摘されないようだが、「墓の内部が見えるように、鑑賞者に面している壁面は取り払われている」のだから（Chamberlain 1913, p.101）。演劇における「第四の壁」と似た事態がここでも起こっている。この絵の鑑賞者は、墓の側面という、現実にはありえない位置から、キリストの屍体を覗き見することを余儀なくされている。言い換えれば、それは、見るべきものとして神から信者に与えられた光景ではないのである。

墓のなかに一人残され、虚構の第三者に覗き見されるキリスト――美術史家たちが指摘するこの絵の「絶対的な孤独」という印象は、おそらくここに起因する。酷たらしく傷つけられた身体のリアリスティックな描写がこの絵のユニークさを形作っているわけではない（その点に関してはグリューネヴァルトのほうが上手だろう）。しばしば指摘されるように、受難の証人たちの不在はたしかにこの絵の特徴だが、そう言うだけではまだ足りない。見ることが不可能なはずの墓のなかに置かれているにもかかわらず、死せるキリストが不躾な窃視者の視線にさらされているということ——主が人に見せることを望まなかった姿をさらしているということ——これが重要なのである。見るべきではなかったものを見てしまったという思い——それが、ムイシキンをそこから足早に去らせようとするのだ。

3　写真の顔

† ホルバインから写真へ

ホルバインの絵を黙って通り過ぎようとしたムイシキンについては、別の興味深い指摘もある。「ムイシキンがロゴージン家でホルバインの絵から足早に去りたがる理由のひとつは、ナスターシヤ・フィリッポヴナの写真を見たときと同じ共苦を喚起されることだろう。彼は他者の痛みをあまりにも深く感じとる。とりわけナスターシヤ・フィリッポヴナの痛みはそうなのだが、何をしてやることもできない」（ヤング 二〇一〇、三〇三頁）。

ムイシキンの無意識のなかで、ホルバインの絵画は、小説のヒロイン、ナスターシヤ・フィリッポヴナの写真と結びついているのである。彼が愛しているのは別の女性であり、この女性との幸福を心から望んでいるのだが、同時に彼は苦しんでいるヒロインを見捨てることができない。ホルバインのキリストがイッポリートに取り憑いているように、ナスターシヤ・フィリッポヴナの顔は小説の最初から最後まで主人公に取り憑いている。「この女性の顔そのもののうちに、つねに彼を苦しめるものがあって、(……)まだ肖像しか見ないうちから、彼の心に深い憐みの苦しみを呼び起こしていた。この存在に対して覚えた同情は、苦しみの印象すらともなって、彼の心をいっときも離れることなく、いまだに残っていたのである」(第三部二)。

苦しんでいる女性の顔を前にして、私たちはどうすることができるのか?――それが、ドストエフスキーが『白痴』において追究しようとした第二の問いである。ナスターシヤ・フィリッポヴナの苦悩の顔に向き合うのが、彼女に破壊的な情欲を抱くロゴージンと、無限の同情を抱くムイシキンだ。少女のときに受けた辱めによって堕落したヒロインが罪なくして苦しみを受けなければならなかったキリストに重ねられ、ヒロインの写真がホルバインの絵に重ねられる。物語の第一日目にナスターシヤ・フィリッポヴナの肖像写真を眼にしたムイシキンの振る舞いには、聖画像《イコン》に接吻する民衆の姿を思わせるところがある(Wachtel 2002, p.205)。「ほとんど頬が落ち窪み、燃える眼をしたこの蒼白い顔の美しさ、この目も眩むような美しさは耐えがたいほどだった。奇妙な美だ! 公爵は一分ほど眺めていたが、ふと気がついて周囲を見まわすと、急いで肖像を唇に近づけて、それに接吻した」(第一部七)。見るべきではなかった死せるキリストの歪んだ顔と、見られるべく差し出された写真の美しい顔。この二つの苦悩の顔のあいだで、『白痴』のドラマは演じられている。

†　共苦の映像

あのように苦しんでいる顔を前にして、自分たちはいったいどう振る舞えばよいのか――ロゴージンの家でホルバインの絵について語り合ったあと、一人で街をさまようムイシキンは自問する。

ロゴージンは、そんなふうに愛しているんじゃない、同情《ソストラダーニエ》なんてない、「そんな憐みなんてまったくない」という。もちろんあとで「おまえさんの憐みはおれの愛よりずっと強いかもしれないがな」と付け加えていたけれど。だけどあれはわざと自分を中傷しているんだ。(……)いや、あれはただの情　欲《ストラースノスチ》よりも深いものだ。それに彼女の顔が男の情　欲《ストラースノスチ》をそそるだけなんてことがあるだろうか。それに、そもそもあの顔がいま情欲《ストラースチ》をそそるだろうか。あれが呼びさますのは苦しみ《ストラダーニエ》で、魂をすっかりとらえてしまうのだ。(……)いや、ロゴージンはわざと自分を中傷している。彼は大きな心をもっていて、苦しむこと《ストラダーチ》も同情すること《ソストラダーチ》もできる。(……)同　情《ソストラダーニエ》がロゴージン自身に分別と知恵を与えてくれるだろう。同　情《ソストラダーニエ》は全人類が生きていくうえで、もっとも重要で、おそらくは唯一の法則なのだから。(第二部五)

ムイシキンは、他者の苦しみによって引き起こされる同情が人びとを一つに結びつけることを願う。彼にとって、苦しむ他者の顔は人類の連帯の礎なのだ。だが、この文章はなんと深い両義性に貫かれていることだろう。煩を厭わず原語のルビをふったのは、ムイシキンが対比している「同情」と「情欲」の近さをみえるようにするためである。「同　情《ソストラダーニエ》」は分解すれば「共に《ソ》」「苦しむこと《ストラダーニエ》」(＝「共苦」、英語でいえばcompassion)だが、「苦しみ《ストラダーニエ》」と「情欲《ストラースチ》」(ないし「情　欲《ストラースノスチ》」)は語源を共有しており、両者の差異はときにほとんど見分けがたくなる(「ストラースチ」を複数形にすればキリストの「受難passion」という意味だ)。つまりそれはもともと情動の強度を示すだけの語なのであって、私たちをたがいに結びつける唯一の法則であるとムイシキンがいう「苦しみ《ストラダーニエ》」と「同情＝共苦《ソストラダーニエ》」は、容易に「情欲《ストラースチ》」に転化して、私たちをたがいに引き離してしまうのだ。『白痴』の悲劇的な結末について言及するのは控えておこう。他者の苦しむ顔に対する情動は、私たちを結びつけもすれば、引き離しもするのである。再びソンタグから引用しよう。「他者の苦痛へのまなざしが主題であるかぎり、「われわれ」ということばは自明のものとして使われてはならない」(ソンタグ　二〇〇三、五―六頁)。だがおそらく、このペシミスティックにみえる認識こそが、他者の顔に対する私たちの倫理の出発点なのである。

■参考文献

ストイキツァ、ヴィクトル・I『絵画をいかに味わうか』岡田温司監訳（平凡社、二〇一〇年）。

ソンタグ、スーザン『他者の苦痛へのまなざし』北條文緒訳（みすず書房、二〇〇三年）。

ヤング、サラ・J「『白痴』とホルバイン「墓のなかの死せるキリスト」」乗松亨平訳（『現代思想』二〇一〇年四月臨時増刊号）。

Chamberlain, Arthur B., *Hans Holbein the Younger*, vol. 1, Dodd, Mead & Co., 1913.

Hans Holbein the Younger : The Basel Years 1515–1532, Prestel, 2006.

Kunstmuseum Basel : The Masterpieces, Hatje Cantz, 2011.

Rowlands, John, *Holbein : The Paintings of Hans Holbein the Younger*, complete edition, Phaidon, 1985.

Sontag, Susan, *On Photography*, Anchor Books, 1990.（近藤耕人訳『写真論』晶文社、一九七九年）

Wachtel, Andrew, "Dostoevsky's *The Idiot* : The Novel as Photograph," *History of Photography*, vol. 26, no. 3, Autumn 2002.

Достоевская, А. Г., *Воспоминания*, М., 1987.（『回想のドストエフスキー1』松下裕訳、みすず書房、一九九九年）

Достоевская, А. Г., *Дневник 1867 года*, М., 1993.（『ドストエーフスキイ夫人アンナの日記』木下豊房訳、河出書房新社、一九七九年）

Карамзин, Н. М., *Сочинения в двух томах*, т. 1, Л., 1984.

第十二章　オートバイによって映画は何を描くのか

――一九五〇年代・六〇年代のオートバイ映画――

石田美紀

1　青春映画としてのオートバイ映画

†映画と乗物

映画は自らが何者であるのかを強く意識してきた表現媒体である。かつて日本で活動写真と呼ばれていたとおり、映画は写真映像に大きく依拠しながらも、写真が決定的に欠く、運動を記録し再現する能力を明示してきた。このため、映画は運動する物体を好んで被写体に選んできた。

たとえば、列車は映画にとって特別な存在である。一八九五年に一般公開された原初の映画であるリュミエールの『列車の到着』に始まり、サスペンスの名手であるA・ヒッチコック監督『バルカン超特急』（一九三八）や『見知らぬ乗客』（一九五一）といった古典的物語映画、さらには映画批評家の水野晴郎が映画へのオマージュとして監督したファン映画『シベリア超特急』シリーズ（一九九六―二〇〇五）にいたるまで、列車は物語映画のあらゆるジャンルに登場し、列車映画とでも呼ぶべき一大水脈をつくりあげている。こうした映画と列車が取り結ぶ関係については、これまでにも多くの言説が紡がれてきた。

では、オートバイについてはどうだろう。物体は運動するかぎり、映画に愛される資格をもつのだから、オートバイも例外ではない。実際、オートバイは列車と同様に映画に愛され、オートバイ映画と呼びうる映画群が存在する。だが、それにもかかわらず、オートバイ映画はさほど注目されてこなかった。だから、まずは映画がオートバイと取り結ぶ関係をいまいちど確認したい。

オートバイ映画と列車映画の一番の差異は、オートバイ映画の守備範囲がきわめて限定されていることである。映画にオートバイを定着させたM・ブランド主演の『乱暴者』(L・ベネディク、一九五三)、戦後日本の若者のアイコンであった石原裕次郎主演の『嵐の中を突っ走れ』(蔵原惟繕、一九五八)といった一九五〇年代のオートバイ映画、そして『ワイルド・エンジェル』(R・コーマン、一九六六)、『続 地獄の天使』(A・ランザ、一九六七)、『イージー・ライダー』(D・ホッパー、一九六九)といった一九六〇年代のオートバイによるロード・ムービー、さらに時代を下り、近未来のパリを舞台とする犯罪恋愛映画『汚れた血』(L・カラックス、一九八六)や、革命家チェ・ゲバラの学生時代の旅行記の翻案である『モーターサイクル・ダイアリーズ』(W・サレス、二〇〇四)にいたるまで、オートバイにまたがる者には共通項がある。それは、彼らが世間への苛立ちや違和感を抱え、いわゆる「青春」と呼ばれる人生の一時期を生きていることである。オートバイ映画とは、青春映画と言い換えられる映画群でもある。

青春という主題とオートバイ映画との突出した親和性について考えるとき、オートバイが第二次世界大戦後の若者に愛好された乗り物であったことを指摘するだけでは、不十分である。本章ではもう一歩踏み込み、運動を記録・再現する能力を備えた映画がオートバイによっていかなる青春を描いたのかを、オートバイ映画の揺籃期である一九五〇年代、そして隆盛期である六〇年代の作品に即して考察しよう。

† 孤独と公共

オートバイ映画の内実を議論するにあたって、まずはオートバイが孤独な乗り物であることを述べておきたい。その理由は主に二つある。第一の理由としては、搭乗者数がきわめて限られていることが挙げられる。日本語に単車という呼び名があるように、オートバイは一人で乗ることを基本としている。同乗者がいる場合でも、せいぜい二人である。もちろん、オートバイが集団で走行することもある。むしろ青春という主題との関わりからいえば、群れで走行する「族」の印象が強いぐらいである。しかし、いくらオートバイの数が増えようとも、搭乗者が隔絶されていることには変わりがない。走行中、運転者は自身の機械が立てる轟音のなかにいる。そのため、たとえ仲間といても、彼らが走行中に会話を交わすことは困難である。オートバイは轟音のなかに人を閉じ込めてしまう。これがオートバイを孤独な乗り物と考える第二の理由である。

それに対し、列車は多くの人間が乗り合わせるために、おのずと公共空間として成立する。乗客は、手洗いや食堂など、さまざまな欲求に応える設備を備えた列車のなかで、他者と空間を共にし、会話を交し、ときには食事を楽しむ。列車は社会をそのなかに抱え込んだ乗り物だともいえるだろう。

映画は列車の空間的特質をうまく利用する。たとえば、『第五福竜丸』（新藤兼人、一九五九）において、列車はアメリカの水爆実験に巻き込まれて被曝した漁師の遺骨を運ぶ。列車が駅に停車するたび、彼を悼む老若男女が乗車し、下車していく。実話に基づくとはいえ、この映画は列車を共同体の喪の空間として演出し、そのクライマックスを見事に構築する。また『暗殺の森』（B・ベルトルッチ、一九七〇）においては、新婚旅行中の夫婦が列車のコンパートメント内で情事に耽る。そのとき観客が緊張を感じざるを得ないのも、公共空間において私的行為が繰り広げられるからである。

一方、オートバイという乗り物は搭乗者に会話の契機すら与えない。そのためこの孤独な乗り物が物語のなかに登場するときには、それが社会と何らかの形で対峙するものになることはある程度予測がつく。とはいえ、実際どうなのだろうか。これより映画に即して考察していこう。

2 『乱暴者』(一九五三)

† 第二次大戦後の無法者

『キートンの探偵学入門』(B・キートン、一九二四)においてオートバイの疾走が笑いを引き起こすとおり、映画はサイレント時代からこの乗り物が生み出す速度に注目してはいる。とはいえ、映画が青春という主題を通じてオートバイと安定的な関係を築くのは、一九五三年に公開されたハリウッド映画『乱暴者』(この邦題は「あばれもの」と読ませる。なお原題は The Wild One)からだろう。

M・ブランドがオートバイ集団のリーダーを演じるこの映画の発端は、一九四七年の七月三日から六日にかけて、オートバイ愛好者協会であるアメリカン・モーターサイクリスト・アソシエーション(通称AMA)がカリフォルニアの小さな町ホリスターで行なったバイク・ラリー(一般公道で行なわれるレース)にある。この田舎町は一九三〇年代をとおして、アメリカ全土からオートバイ乗りが集結して親交を温めるこのイベントを受け入れていたのだが、一九四七年には見物人を含め四千人がつめかけたため、混乱に見舞われた[1]。

新聞をはじめマス・メディアがこの騒動を扇情的に報道したため、それは「ホリスター騒乱(Hollister riot)」という剣呑な名で知られることになった。その際に写真雑誌『ライフ』が果たした役割はとりわけ大きいものであった。同誌一九四七年七月二十一日号に「オートバイ乗りの休日――彼とその仲間がある町を恐怖に陥れた（CYCLIST'S HOLIDAY He and friends terrorize a town）」とのキャプションが付けられた一枚の写真が掲載された（図1）。その、サンフランシスコ・クロニクル紙の記者B・ピーターセンが撮影したという写真では、男が酒瓶を片手にハーレー＝ダヴィッドソンにまたがっている。衝撃的であったのは、彼が酔っぱらっていただけではない。オートバイの前輪は無数の酒瓶を砕いている。現在ではそれが「やらせ」写真であったことが判明しているが、この一枚によって、無法者としてのオートバイ乗りというイメージがアメリカ社会において広く形成されることになった（Dulaney 2005）。

「ホリスター騒乱」から生じた公序良俗に反するオートバイ乗りの表象は、メディアを乗り換えることで、さらに確固たるものになっていく。一九五一年、F・ルーニーは「ホリスター騒乱」に想を得た短編小説「オートバイ乗りの襲撃（*Cyclists' Raid*）」を『ハーパース・マガジン』誌一月号に発表した。物語はオートバイの大集団が轟音を立ててある田舎町にやってくるところから始まり、オートバイ乗りたちが起こした事件が町娘の死を招くところで終わる。オートバイ乗りを、一個人としてではなく、町に襲来した得体の知れない不気味な一団――作中、町の男は「俺にはみんな同じにみえるよ（They all look alike to me）」（Rooney 1951, p.41）と語る――として描くこの小説は、映画プロデューサー、S・クレイマーの目にとまり、その翻案である映画『乱暴者』が製作開始となった。

† 規制の対象

オートバイ集団のリーダーである『乱暴者』の主人公ジョニーは、仲間を率いて田舎町にたどり着く。彼はそこで町娘と親しくなるものの、仲間がいざこざを起こしたのを契機に、事態は彼の意志に反して破滅へと進んで

CYCLIST'S HOLIDAY

He and friends terrorize a town

On the Fourth of July weekend 4,000 members of a motorcycle club roared into Hollister, Calif. for a three-day convention. They quickly tired of ordinary motorcycle thrills and turned to more exciting stunts. Racing their vehicles down the main street and through traffic lights, they rammed into restaurants and bars, breaking furniture and mirrors. Some rested awhile by the curb (*above*). Others hardly paused. Police arrested many for drunkenness and indecent exposure but could not restore order. Finally, after two days, the cyclists left with a brazen explanation. "We like to show off. It's just a lot of fun." But Hollister's police chief took a different view. Wailed he, "It's just one hell of a mess."

図１『ライフ』に掲載された写真

いく。プロットの大筋は小説「オートバイ乗りの襲撃」を踏まえている。さらには、ブランドが身につける帽子や革ジャンは『ライフ』誌に掲載されたオートバイ乗りのそれと酷似している。とはいえ、興味深いことに、映画『乱暴者』はオートバイ乗りのセンセーショナルなまでの無軌道ぶりを手放しで称讃したわけではない。

ファースト・ショットは、画面奥へと伸びる道の真ん中に置かれたカメラが捉えた無人の光景である。そこに「これは衝撃的な物語である。誰も予期しなかった事件がある町で起きてしまったのだ。このような悲劇を二度と繰り返してはならない」（翻訳は岡田壮平）という字幕が登場し、続いてジョニーのヴォイス・オーヴァーが語り始める。「全てはこの道からはじまった。いつのまにかだ。でもそれがとんだ事件に……防ぐ事もできた。だが始まってからはもうムリだった。一人の女をよく覚えている。うまく言えないが哀れな女だ。でも彼女のおかげで俺は変わった。とにかく、事の始まりは、この道だ」。

まだ姿を見せていない主人公がまだ起きてもいない出来事を悔い改める。唐突に胸のうちを打ち明けられた観客は興味をひかれ、主人公への共感の第一歩を踏み出すだろう。しかし、まず指摘しなければならないのは、このモノローグが、その直前に登場した警告を発する字幕と連動していることである。

この映画が製作された一九五三年、ハリウッド映画は業界内自主検閲コードである映画製作倫理規定（以下プロダクション・コードと表記）を遵守していた。犯罪をはじめ公序良俗に反する行為を称揚し、美化することはプロダクション・コードが成立した一九三〇年以降、厳しく禁じられていたのである（加藤 一九九六、一五七－一七四頁）。すでに述べたとおり、オートバイ乗りは、第二次大戦後のアメリカ社会において問題視されていた。そのため、オートバイ乗りを主人公とするには、周到な準備と口実が必要とされたのである。つまり、『乱暴者』の冒頭に現れる字幕は、一九三〇年代のギャング映画『犯罪王リコ』（M・ルロイ、一九三一）や『暗黒街の顔役』（H・ホークス、一九三二）の冒頭で犯罪への批判を明言する字幕と同じく、オートバイを集団で駆ることへの警告を発している。そして、続いて登場する過去を悔いるジョニーのヴォイス・オーヴァーもまた同じ役割を果たしている。ただし、このヴォイス・オーヴァーが依拠するのは、ギャング映画とはまた別のジャンルの約束である。それは、一九四〇年代に誕生し、一九五三年には成熟期を迎えていた裏社会ものであるフィルム・ノワールである。そこでは、主人公が自身の破滅を語ることで物語が始まるため、映画全体に内向的なムードが醸成されるのだが、見逃してはいけないのは、そうした後ろ向きの語りが、観客に「罪を犯した者は報いをうける」という道徳律を伝えていることである。

『乱暴者』がギャング映画の字幕とフィルム・ノワールのヴォイス・オーヴァーの双方を採用していることからは、オートバイ集団がプロダクション・コードに抵触する存在であると製作者が認識していたことが判明する。つまり、この映画はオートバイ乗りが刺激的な見世物として成立することに注目しつつも、それが刺激的すぎないようにと配慮もしているのである。

† 共感の対象

しかしながら、『乱暴者』の主人公である、イギリス製のオートバイ、トライアンフを駆るジョニーは倫理的な悔悛を求められる存在としてのみ描かれていたわけではない。というのも、ブランドは映画出演第五作目となる本作で「怒れる若者」というスター・ペルソナを確かにしているとおり、若い観客からの共感と支持を獲得しているのである。共感のトリガーはどこに埋め込まれていたのだろうか。

再び冒頭に戻ろう。ジョニーのヴォイス・オーヴァーの後半、画面奥に現われた小さな黒い影が手前へと近づいてくる。走行音を立てて疾走するオートバイの群れである。ショットがかわり、カメラは先頭で群れを率いる男に近づく。黒い革ジャンを着こみ、サングラスをかけた男の顔に「Marlon Brando as The Wild One」と字幕が被せられる。それを契機にタイトル・クレジットが始まり、その間、男たちはオートバイで疾走する。クレジットが終了するとき、彼らはオートバイ・ラリーに乱入し、試合を台無しにした挙句、優勝トロフィーを奪い去る。主人公の導入からは、オートバイが運転者から話す機会を奪い、その感情表出に制限を課することが分かる。ジョニーの顔がアップで捉えられるとき、彼はひたすら正面を向き、一言も発さずにオートバイを運転している。それは彼と並走する仲間も同じである。と同時に、登場人物が沈黙せざるを得ないという制約は逆手に取られてもいる。その意味において、ブランドが黒いサングラスで目を覆っていることは注目に値する。

目は感情の動きを敏感に映し出す器官であり、その目を覆い隠すことは、感情の表出をさらに制限することにほかならない。とはいえ、ジョニーの演出においてサングラスが生み出す効果は、感情表出の抑制だけに限られていない。彼がオートバイから降り、サングラスを取ると、不遜でありつつも、あどけなさの残る瞳が現われる。サングラスという小道具は、どこからともなく現われたオートバイ集団の不気味さだけを示すのではない。それはオートバイを運転する者の瞳の無垢さも強調する。結果、オートバイが担うコノテーションにゆらぎが生み出されることになる。

物語の中盤に移ろう。ジョニーはほかのオートバイ乗りに襲われている町の娘キャシーを助け、自らのオートバイに乗せる。そのときの彼はもうサングラスをかけていない。夜の場面であるから当然なのかもしれないが、問題は冒頭部のジョニーとの落差である。キャシーはオートバイを運転するジョニーの腰に手を回し、彼の肩に顔を埋めている。ここでオートバイは二人の会話を奪う一方、彼らの身体が触れ合う契機を提供している。

その後、キャシーは顔を見上げ、月明かりに目を奪われる。そのとき、後部座席でジョニーにしがみつく彼女の視点ショットが挿入されることは、きわめて重要である。というのも、田舎暮しに倦んでいるにもかかわらず、優等生的に生きざるを得ない彼女がオートバイを肯定的に理解することは、反社会的とされる乗り物とそれに魅せられた者への共感の糸口を準備するからである。オートバイから降りたキャシーは黒光りする車体を撫でながら、初めて乗ったオートバイについて「速いのね。怖かった。でも全て忘れさせてくれた。あなたも?」と口にする。このやり取りには性的な含みが多分にあるとはいえ、オートバイでの疾走がキャシーにとっても人としての自由を感じさせるものであることが明示される。このように、『乱暴者』は、オートバイ乗りを共同体にとっての他者として描くにとどまらず、共同体の内部で従順に生きる田舎娘をも含む若者たちの心情の代弁者として描くことに成功しているのである。

3　一九六〇年代のオートバイ映画

†プロダクション・コードの崩壊

オートバイ映画が多数製作された一九六〇年代後半に議論を移そう。結論を先取ってしまえば、『乱暴者』がオートバイによって表出した若者たちの気分は、一九五〇年代初頭の、すなわちプロダクション・コードの規制の下で製作されたハリウッド映画だからこそ可能であったことである。というのも、六〇年代にハリウッド映画という環境は根幹から変化するからである。

一九六〇年、シャワーを浴びている最中のヒロインが惨殺されるヒッチコック監督『サイコ』が公開されると、倫理という大義名分を掲げて性や暴力を直接的に描写することを忌避してきたプロダクション・コードの形骸化は、もはや明白なものになった。それは、映画館が老若男女のための娯楽の場であることをやめたことの証でもあった。家庭にいながら楽しめるテレビの台頭に押され、映画は観客の欲求により細やかに対応することに活路を見出すのである。こうした業界全体の舵取りは、当然のことながら、オートバイ映画にも影響を及ぼすことになった。

†『ワイルド・エンジェル』(一九六六)

プロダクション・コードの崩壊によって、オートバイ映画は新たな段階に入る。その象徴となるのが、P・フォンダ主演『ワイルド・エンジェル』(R・コーマン、一九六六)である。この映画は、独立系映画製作会社AIPが、アウトローを自認する実在のオートバイ集団「ヘルズ・エンジェルズ」を題材とする映画の製作を思いついたことから始まる。その企画は早撮りの低予算映画で実績を挙げていた監督兼プロデューサー、コーマンに任されることになった。『ワイルド・エンジェル』製作の経緯は、かつて『乱暴者』が「ホリスター騒乱」に想を得て製作されたことを思い起こさせる。また、主演のフォンダが黒の革ジャンを身にまとい、サングラスで瞳を覆う暴走族のリーダー、ヘブンリー・ブルースを演じ若者の支持を得てスターダムを築いたことも、ブランドとジョニーの関係を髣髴させる。

しかしながら、『ワイルド・エンジェル』と『乱暴者』は似て非なるものだ。なぜなら、この映画は主人公たちがスピードと暴力、さらにはセックスと麻薬に溺れる様を描くことに集中するからである。プロダクション・コード下のオートバイ映画『乱暴者』がオートバイ乗りではない者の視点も物語に導入し、社会と主人公との関係にも言及したのとは対照的に、『ワイルド・エンジェル』は公序良俗を求める社会との決別を謳いあげる。それは開始直後のシークェンスから明白である。

三輪車に乗った少年が家の庭から道へと出ていく。息子がいなくなったことを察知した母親は慌てて子どもを追いかける。母が少年を捕まえた瞬間、三輪車はハーレーの鼻先と接触する。取り乱した母は「危ないじゃないの!」と何度も繰り返したのち、息子の無事に安堵する。彼女は、オートバイにまたがるブルースに怪訝な一瞥を投げかけただけで、踵を返し、子どもを家に連れて戻ろうとする。ブルースもまた無言で吸っていた煙草をもみ消し、オートバイのエンジンをかけて、母子を追い抜いて行く。親子が家に着いたとき、ギターのリフを契機にショットがかわり「ブルースのテーマ」が流れる。カメラはオートバイに乗って街から走り去る彼の姿を正面から捉える。

このように、ブルースは自分とは異なる社会集団に属する者に語りかける言葉をもっていない。それどころか、彼は自分の気持ちすらほとんど口に出さないため、なぜ彼が反社会的行為を繰り返すのかも不明のままに物語は進んでいく。終盤ようやく、観客はブルース自身による説明を耳にすることができる。暴走行為の果てに警察に追われて死んだ仲間の葬式において、初老の説教師が「いったい君たちは何を求めているんだ」と問う。ブルースは「自由に生きたい。思う存分きままにだ」と答え、参列した仲間たちはわが意を得たりと歓声をあげる。(2) このやりとりが交わされるまで、映画はオートバイで疾走する彼と仲間をみせることに徹する。そのため、オートバイに並走して鳴り響くロック・ミュージックこそが、ブルースたちの内面描写の等価物であるともいえるだろう。事実、『ワイルド・エンジェル』の興行的成功——一九六六年度の興収ランキングでは十六位に入っている——は、サウンド・トラックのヒットによって牽引されたものであった。先に述べたブルースの走行シーンに流れるデヴィー・アラン&アロウズによる「ブルースのテーマ」は、ボーカル曲ではないにもかかわらず、一九六七年のビルボード・チャートにおいて最高三十七位を記録している。

映画批評家の蓮實重彥は、プロダクション・コードの失効に伴って、ハリウッド映画が語るものから見られるものに変容したと指摘している（蓮實 一九九三、一七四－一八一頁）。イメージの優位が到来したという蓮實の見解と六〇年代オートバイ映画の変容を照らし合わせれば、そこにもう一つの優位の到来、すなわち音楽の優位の到来を見出すことができるだろう。というのも、『ワイルド・エンジェル』の後、オートバイを音楽的スペクタクルの中心として機能させつつ、物語に再度向かう映画が生まれているからである。それが『イージー・ライダー』（一九六九）である。

†『イージー・ライダー』（一九六九）

『イージー・ライダー』製作の経緯については、本章で取り上げるどのオートバイ映画にもまして言及すべき事項が存在するのだが、ここでは一つだけ述べておこう。この映画はハリウッドの大手映画会社コロムビア社によって配給されてはいるものの、フォンダとD・ホッパーが企画からポストプロダクションにいたるまで手弁当で製作したものである。かれらは主演を務めるだけでなく、製作、監督、脚本、さらにはクレジットされてはいないものの撮影や編集までをも手掛けた。ハリウッド映画の徹底した分業制とは対照的な製作体制のおかげで、二人の意図は映画の隅々にまで反映されることになった。それが顕著に見て取れるのが、オートバイの走行シーンである。

フォンダが演じるワイアットとホッパーが演じるビリーは麻薬の密売で大金を得たのち、ハーレーに乗り、ロサンゼルスからフロリダを目指す。二台のオートバイがアメリカの風景の中を疾走するとき、ステッペンウルフ、ザ・バーズ、ザ・バンド、ジミ・ヘンドリックスらの楽曲が鳴り響く。そのとき、サウンドだけでなく、歌詞――興味深いことに全曲がボーカル入りである――もまた、映像と見事にシンクロする。ザ・バーズの「Wasn't Born to Follow」を例にとろう。木漏れ陽のショットとともにこの曲は始まる。ギターが奏でる旋律と音色は、光がきらめくなか風に揺れる木々にふさわしい。二人は曲がりくねった山間の道を走行している。そして「聖なる山の下、谷間を走りぬけて」と歌われるとき、彼らが向かう先になだらかな斜面をみせる山が姿を現わす。また、間奏においてギターがシタールにも似た音で緩慢なフレーズを奏でると、二台のオートバイは徐々にスピードを落としていき、路傍に立つヒッチハイカーの近くで停止する。

『イージー・ライダー』についてもっとも信頼できる著作、『「イージー・ライダー」伝説——ピーター・フォンダとデニス・ホッパー』において映画批評家・谷川建司は、この映画が初めて既成のロック・ミュージックを映画のサウンド・トラックに用いたことを指摘し、緻密な編集によって物語の推移と若者が慣れ親しんだ楽曲を密接に連動させ、彼らの支持を取り付けたと述べている（谷川 一九九六、一二二―一二四頁）。谷川の説明を踏まえてさらに述べるなら、この映画には音楽と映像の絶妙な拮抗関係が存在する。オートバイの走行は音楽によって内省的な次元を開き、そして、音楽は風景の移り変わりとともに視覚的現前を得る。

†内省と社会

フォンダが『ワイルド・エンジェル』でスターになったことはすでに述べたが、ホッパーもまたオートバイ映画、それも『ワイルド・エンジェル』のヒットに気をよくしたＡＩＰが一九六七年に製作した『続 地獄の天使』に主演している。『続 地獄の天使』もまた『ワイルド・エンジェル』同様に、若者たちの無軌道な暴走が呼び物である。フォンダとホッパーが主演したこの二本のオートバイ映画は間違いなく『イージー・ライダー』のプロトタイプである。しかしながら、オートバイという乗り物の意義づけがまったく異なっている。『ワイルド・エンジェル』と『続 地獄の天使』にとってオートバイは刹那的な生を発露させる乗り物であった。プロダクション・コードの制約を受けた『乱暴者』が描けなかったことを、コード崩壊後に解き放ったといえるだろう。それに対し、『イージー・ライダー』におけるオートバイは内省的な生の探究に乗り手を駆り立てる。すでに論じてきたとおり、オートバイ乗りの旅は並走する音楽に助けられて、内面の奥行きを備えるに至っているのだから。

二人のオートバイ乗りが辿り着くところを確認しよう。映画の最後、南部にやってきた彼らは射殺される。その理由は単純かつ理不尽なものだ。南部では、長髪のオートバイ乗りがただ異質であったからである。そのとき、フォンダが演じるワイアットの革ジャンとヘルメットにあしらわれた星条旗、そして彼がまたがる、これまた星条旗が描かれたアメリカ製のオートバイはアイロニーとして前景化する。アメリカ国旗を背負った若者が突然撃たれ、自由な旅を中断させられる。この結末は、ベトナムで犬死にしていくアメリカの若者を想起する。『イージー・ライダー』は、オートバイとロックを連動させることで、内面に耽溺しているようにみえながらも、社会批判への道をも開く。それは、プロダクション・コード崩壊後のハリウッド映画で実現された、あるべきもう一つの語りだったのである。

4 『あの胸にもういちど』（一九六八）

† 女性とオートバイ

ここまで、一九五〇年代、そして六〇年代のオートバイ映画がいかなる青春の物語を紡ぎえたのかをみてきたわけであるが、本章の締めくくりとして、オートバイと女性を結合させる一本について述べよう。

一九六八年、すなわち『イージー・ライダー』公開の一年前、娘がオートバイを駆る映画が世に出た。イギリスのロック・アイドル、M・フェイスフルが演じる十九歳の新妻レベッカが、素肌の上に黒革のライダースーツだけをまとい、夫の寝ている間にハーレーを駆って、愛人ダニエル――A・ドロンが演じている――のもとに急ぐJ・カーディフ監督『あの胸にもういちど』である。その原作は、フランス人小説家、A・P・ド・マンディアルグが一九六三年に発表した小説『オートバイ』である。翻訳者である生田耕作は、この小説が、S・

マックィーンがドイツの捕虜収容所からオートバイを盗んで脱走するハリウッド映画『大脱走』(J・スタージェス、一九六三)とともに、パリの若者の間でのアメリカ・オートバイ文化の流行原因として言及されることに驚きを隠さない(生田 一九八四、二〇九頁)。

ハリウッド映画におけるオートバイ表象を探ってきた本章としては、生田の驚きについて補足しなければならないことがある。それは、マンディアルグが作り出したオートバイの表象が『大脱走』によって象徴されるハリウッド映画におけるオートバイのそれとは根本的に異なっていることである。というのも、この小説においてオートバイにまたがる主人公は女性であり、さらに彼女がだれとも群れることなく、単独でオートバイに乗っているからである。この二点を満たす作品は、管見のかぎりでは、『オートバイ』が発表される一九六三年以前のハリウッド映画においては存在しないと思われる。というのも、『乱暴者』から『大脱走』にいたるまでオートバイの乗り手は男性であった。映画『あの胸にもういちど』が公開された一九六八年には、アメリカにおいても女性のオートバイ乗りを主人公とする *She-Devils on Wheels* が公開されてはいるものの、それはさしずめ『ワイルド・エンジェル』や『続 地獄の天使』の女性版といった女性オートバイ乗り集団の映画であった。さらに述べるなら、先ほど引き合いに出された『大脱走』にしても、同じである。たしかにマックィーンは独りでオートバイに乗って疾走する。とはいえ、この映画は、各国の捕虜たちが連帯してドイツ軍と戦う群像劇であり、マックィーンの逃走もその一部でしかない。それに対し、『オートバイ』では、娘が独りオートバイを駆る様だけを語る。つまるところ、マンディアルグは、アメリカの映画産業が蓄積してきたのとは異なる語彙でオートバイに物語を与えたのである。

† 饒舌な乗り手

『オートバイ』の映画化である『あの胸にもういちど』に議論をすすめよう。この映画は原作小説の描写に忠実に、レベッカが愛人のもとへとひた走る様を描くのだが、オートバイ映画としてやはり異色である。というのも、これまで指摘したオートバイ映画の定石が覆されるからである。オートバイを駆る者は寡黙にならざるを得ないという状況は、この映画には存在しない。彼女は、夫と暮らすフランスの田舎町から愛人の待つドイツのハイデルベルクを目指す旅の間、ずっと饒舌である。十九歳の娘は、ヴォイス・オーヴァーで、さらには声をあげながら、夫への不満、愛人への盲目的な従属、旅の途中に出会う人間への感想をその都度語り、視覚的演出が彼女の声にさらなる拍車をかけていく。

監督のカーディフは多彩な映像演出を施す撮影監督としても知られている。たとえば、バレエ映画『赤い靴』（M・パウエル、一九四八）においては、バレリーナに巣食ってその体を操る狂気を、カーディフは息つく間もない映像のつづれ織りに変換した。そしてこんどは、愛人への思いを募らせるがあまり、現在から過去へ、さらには未来へと時制においても混乱をきたす娘の内面を、オートバイが彼女の身体に伝える振動と刺激とともに描く。旅が終わろうとするとき――結局、彼女は愛人の胸に飛び込むことも、夫のもとに帰ることもなく、事故死する――、猛スピードを出すオートバイにまたがる彼女の顔、腕、腰、そして股間が映し出される。エンジン音が響くなかで、娘は「黒い悪魔め！　ダニエルみたいにヤるのが上手。あの人の情婦ね。このスピードならたちまち男の所に着くわ」と叫びながら、オートバイを蛇行させ、一歩死に近づいていく。『あの胸にもういちど』も、『イージー・ライダー』と同じく主人公の死によって終止符が打たれるのだが、オートバイのスピードと振動が乗り手にもたらすのは、内省の次元をはるかに超え出た肉感の陶酔であり、死への欲動である。

この英仏合作映画――ヨーロッパの想像力といってもよいだろう――は、アメリカ映画が培ってきた青春という主題を変奏し、オートバイを官能の装置へと変化させた。たしかにこの映画は女性身体を性的に演出する語彙を増やしている。とはいえ、それまで多くの場合においてオートバイが男性主人公の青春を語るためのものであったことを思えば、孤高の女性ライダーは体の良い見せ物で終わらない。彼女がオートバイの速度とともに身ひとつで世界に飛び出す様は、一九七〇年代に向けて隆盛するフェミニズムともどこかで通じているのである。

オートバイがもたらすスピードと轟音に映画がいかなる意義を見出してきたのかを論じてきた。孤独な乗り物であるオートバイは、青春という主題的一貫性、いやもっと露骨にいえば、主題の単一性を生み出すものである。しかしこれまで論じてきたとおり、一九五〇年代から六〇年代までのオートバイ映画の内実と、個々の作品が呈示する相似と相違は、主題的単調さだけを示してはいない。オートバイ映画とは、むしろその主題的一貫性ゆえに、映画産業の、社会の、つまりは気分の変化を鋭敏に反映しうる映画群でもあるのだ。

(1) アメリカにおけるオートバイ文化の専門家であるW・L・デュラニーは、第二次大戦後のオートバイ文化の隆盛と復員兵の関係を指摘している。戦場で命の危険にさらされた元兵士たちは、平時においてもスリルを求めたという。結果、軍隊を模したかのような集団での危険な走行が繰り返されるようになった。デュラニーは、戦後のアメリカにおけるオートバイ文化の隆盛を、戦争が与えたトラウマの一環として読み解いている。

(2) この説教師とブルースのダイアローグは、『ワイルド・エンジェル』の公開から四半世紀後の一九九一年に発表された、プライマル・スクリームのヒット曲「Loaded」でサンプリングされている。そこから、この映画とロックを中心としたユース・カルチャーとの結びつきが強固なものであることが分かる。

■参考文献
Dulaney, William L., "A Brief History of "Outlaw" Motorcycle Club", *International Journal of Motorcycle Studies*, November 2005.（URL : http : //ijms.nova.edu/November2005/IJMS_Artcl.Dulaney,html）
蓮實重彦『ハリウッド映画史講義——翳りの歴史のために』（筑摩書房、一九九三年）。
生田耕作「訳者あとがき」Ａ・ピーエル・ド・マンディアルグ『オートバイ』生田耕作訳（白水社、一九八四年）。
加藤幹郎『映画　視線のポリティクス——古典的ハリウッド映画の戦い』（筑摩書房、一九九六年）。
Rooney, Frank, "Cyclists' Raid", *Harper's Magazine*, January, 1951.
谷川建司『「イージー・ライダー」伝説——ピーター・フォンダとデニス・ホッパー』（筑摩書房、一九九六年）。

第十三章　瞬間と全体

――ヘーゲルを介してラオコーン問題を振り返る――

栗原　隆

1　はじめに

一五〇六年一月十四日、古代ローマのティトゥス帝の浴場跡から、今日では、「紀元前四〇～二〇年頃」[1]の作だと推定されている一組の群像が発掘された。『ラオコーン像』（図1参照）である。ラオコーンは、ギリシア神話で語られたトロイア戦争の末期に、トロイアのアポロン神殿に仕えていた神官であった。ギリシア軍が九年もの歳月をかけても攻め落とせなかったトロイア城を陥落させるために、兵士たちを体内に隠した巨大な木馬を城門の前に残した際に、その木馬を城内に引き入れることに反対したのがラオコーンだった。しかし、ギリシア側についていた女神アテナが送った二匹の大蛇によって、二人の息子とともに殺されてしまう。その最期の姿を表現したのが、『ラオコーン像』なのである。[2]

現在は、ヴァチカン美術館のベルヴェデーレで展示されているものの、必ずしも美しいという印象を受ける彫

図１　『ラオコーン像』

刻ではない。ところが、一五〇〇年あまりのときを隔てて再発見されたこの作品が、二五〇年ほどさらに時を経た十八世紀末のドイツで、論議の的になったのである。

2　ラオコーンのその瞬間

† 古代芸術に理想を見たヴィンケルマン

議論の発端はヴィンケルマン（Johann Joachim Winckelmann, 1717–1768）である。ヴィンケルマンはその『絵画や彫刻におけるギリシアの芸術作品の模倣に関する考察』（一七五五年、以下『ギリシア芸術模倣論』と略記）で、次のようにギリシア芸術を称えたのであった。「しだいにますます世界中に広がってゆく良い趣味は、最初は、ギリシアの蒼穹の下で形成され始めたものであった。異国民の創意工夫はみな、いわば最初の胚種としてギリシアの地にやって来て、その地において別の本性と形態を受け取ったに他ならない。（……）ギリシアの国民が彼らの作品に与えた趣味は彼らに独自のものであり続けている。その趣味はギリシアから遠く離れるなら必ずやなにものかを失って、僻遠の地方にあっては遅れて知られるようになった」（Nachahmung, 5）。したがって、傑作をものするためには、「古代人たちの模倣」（Nachahmung, 7）こそ肝要ということが主張された。ボッティチェッリの「ビーナスの誕生」でさえ、メディチ家が集めた古代の彫刻作品から想を得たことが示唆されていたのである（Vgl.Nachahmung, 8）。

もともとこの書は、ドイツにおける「新旧論争」再燃の発端となった書でもあった。そしてギリシア芸術の優れた特徴としてヴィンケルマンは、「姿勢と表情における高貴なる単純と静謐なる偉大さ」（Nachahmung, 31）を指摘した。「表面はいかに荒れ狂おうとも、常に静かであり続ける深海のように、ギリシアの彫像における表情は、どんな受苦に苛まれようとも、偉大な定まった心を示している」（Nachahmung, 31）。その実例として挙げられたのがラオコーン像なのである。

「激烈な受苦に苛まれながらも、ラオコーンの顔にはこうした心が描き出されている。いや、顔だけではない。全身の筋肉や腱に見出される苦痛は（……）私に言わせると、顔においても全身の姿勢においても、いかなる激越（Wuth）を伴うことなく示されている」（Nachahmung, 32）。苦悶に喘ぎながらも激越な様子を示していないところに、ヴィンケルマンは、ギリシア人の精神性を見出したのである。「平穏の状態からあまりに逸脱した姿勢においては、心は、それにとって最も本来的な状態にあることはなく、むしろ、無理矢理に強いられた状態で見いだされることになる。激烈な受苦において心は、いっそう露わに一段と特徴的になる。しかし心が偉大で高貴になるのは、統一の状態、静かなる状態においてなのである」（Nachahmung, 33）。さらに「ギリシア彫刻の持つ高貴なる単純と静謐なる偉大さ」（Nachahmung, 35）はソクラテス学派の著作の特徴にもなっているという。

† ラオコーンは叫んでいない

ラオコーン像に即して新たな論点を提起したのが、レッシング（Gotthold Ephraim Lessing, 1729－1781）の『ラオコーン』(一七六六年)であった。「苦痛は、その激烈なことが想像されるような激越なまでに、ラオコーンの顔には表現されていないという所見は完全に正しい。半可通なら、ラオコーンの作者を、自然に留まっていて、苦痛というものの真の悲壮さ(pathetisch)を表現するまでには至っていなかったと判断するかもしれない。その点においてこそ、作者の英知(Weisheit)がとりわけ輝きを放っている」(Lessing, 14)。

レッシングが作者の英知だとみなすのは、次のような理由からである。ラオコーン像を創った「巨匠は、肉体的な苦痛の与えられた状況下での最高の美を目指して制作した。激烈なまでに歪んだどんなものにあっても、苦痛は、美と結びつくことはない。したがって、彼は、苦痛を緩めざるを得なかったのだ。叫びを呻きに緩和せざるを得なかった。叫びが卑しい心を露呈するからではない。顔を不快極まるまでに歪めるからである。(……)この彫像が同情を吹き込むのは、美と苦痛とを同時に示しているからである」(Lessing, 24)。

レッシングは、ヴィンケルマンのように、ギリシア人の精神性を賛美する余り、その芸術を模倣するように主張することはなかった。むしろレッシングは、近代ヨーロッパに優位をみていた。「より賢明になった後代の、さらに洗練されたヨーロッパ人である私たちは、自分たちの口や目をもっとよくコントロールするすべを知っている。礼法や行儀作法は、叫びや涙を禁じている。最初の粗野な時代の行動的な雄々しさは、私たちにあっては受苦する勇気に変わっている」(Lessing, 15)。したがって、ラオコーン像の作者が肉体的な苦痛を抑制的に表現したのは、ギリシア人の精神性が高かったからではなく、ただ、「造形芸術に特有の性質およびその必然的な限界と要求」(Lessing, 29)があったからだというのである。

†ラオコーン問題——時間芸術としての文学と空間芸術としての造形芸術

ここでレッシングは、詩と造形芸術とを対比的に捉えることを通して、それまでの「詩は絵画のように」と語られてきた伝統的な芸術論を超え出ようとした[3]。詩人なら、登場人物を描写するにあたっては、「完全性の広大無辺な全領域が開かれている」（Lessing, 29）ので、物語の進行に従って読者を一たび魅了するなら、作品に引き付けることができるため、たとえ主人公の美しくない姿の場面を想定したところで、視覚に配慮して書く必要はない（Vgl.Lessing, 30）。詩人は「想像力」（Lessing, 53）にこそ訴えかけなければならないという。

主として視覚に訴える造形芸術と、主として想像力に訴える文学という見方から、新たな論点が焙り出される。「詩人はその描写を唯一の瞬間（Augenblick）に集中する必要はない。詩人は、そのストーリー（Handlung）のそれぞれを、望むなら、その発端から始めて、ありとあらゆる変化を通して、その終局にまで導いてゆく。これらの変化のそれぞれが、造形芸術家にとっては、それだけでまとまった全体となるものである」（Lessing, 30）。詩人や作家は、そのストーリー全体として出来事を継起的に表現することができるので、ある事件の顛末をも描き出すことができる。これに対して絵画にしても彫刻にしても、一瞬の姿を作品に留めることしかできないというわけである。

こうした観点からレッシングは、詩については「時間の継起」（Lessing, 116）を領域とする一方で、造形芸術は「空間」（Lessing, 116）を領分とするというように特徴づける。「絵画はその共存的な構図においては、ストーリーのただの一瞬間しか利用することが出来ない。したがって、先行するものと後続するものとが最もよく把握されるような、最も含蓄に富む瞬間が選ばれなくてはならない」（Lessing, 104）。さらに美を表現できる点で絵画や彫刻の優位性を認めたのである。「物体の美しさは、一挙に見渡すことのできるさまざまな各部分が調和している効果に起因する。したがって、物体が美しいためには、その諸部分が並存していることが必要である。そして諸部分が並存している諸事物こそ絵画の本来の対象である以上、絵画は、そして絵画だけが物体の美を模倣することができる。／美の諸要素を継起的にしか示すことのできない詩人は、物体の美しさを美として描出することを全面的に断念する」（Lessing, 130）。

† 造形芸術におけるその瞬間

ゲーテ（Johann Wolfgang von Goethe, 1749－1832）も「ラオコーンについて」（一七九七年）で、レッシングと同じように、瞬間を捉える造形芸術としての認識を示している。「この芸術作品は、その瞬間（Moment）の描写によって、ことのほか重要である。造形芸術作品が実際に眼前で動くべきものであるなら、移り行く一瞬間が選ばれなくてはならない。その直前には、全体のどの部分もこの状態にあったわけではないし、直後にはどの部分もこの状態を捨てなければならない。それによって、この作品は、数えきれない鑑賞者に、繰り返し新たに生き生きとした姿になるであろう」（Goethe, 59f.）。造形芸術は一瞬間だけを表現することしかできない。したがって、どの瞬間を選び取るかが重要なことになる。

造形芸術の表現するその一瞬には、一連のストーリーの最高の頂点である瞬間が選ばれなくてはならない（Vgl. Goethe, 64）。「絶えず瞬間のために仕事をする造形芸術は、悲壮な（pathetisch）対象を選ぶやいなや、驚愕を呼び起こす瞬間をとらえる。それに対して文学は、畏怖や同情を惹起する造形芸術と対照的である」（Goethe, 65）。時間を通して展開される物語によって読者を魅了することができる文学と違って、時間の推移を表現することのできない造形芸術にあっては、「人間の本性の統一を分割したり、この堂々たる体躯の人士の精神的な力に、その本性が働きかけていることを否定したり、偉大な本性の努力と苦悩を誤認したり」（Goethe, 65）することがないようにするためには、その対象の人物の人生すべてが、その瞬間のためにあったかのような姿が表現されなければならないというのである。

3　ヘーゲルによるラオコーン問題への回顧

† ラオコーンは叫んでいた

十八世紀末のドイツで、新旧論争の一局面として論議が交わされた「ラオコーン問題」から四、五十年を経て、ヘーゲルは「美学講義」でこれに論及している。「とりわけ重要な状況として見なされていたのが、ヴェルギリウスは、彫刻作品を見てからこのシーンを叙述したのか、それとも彫刻家の方がヴェルギリウスの叙述に従って作品を制作したのか、ということでした」(SW. XIV, 434)。ヴェルギリウス (Publius Vergilius Maro, BC70－BC19) による詩文を参考に、後になってから像が制作されたのか、それとも先に制作されていた像を見て、ヴェルギリウスが『アエネーイス』を叙述したのか、という論点である。

続いてヘーゲルは、文学と造形芸術の違いについても論及する。「さらに、ラオコーンは叫んでいたのかどうか、そして彫刻にあって叫びを表現しようとするのは、そもそも相応しいことであろうか、という事情でした」(SW. XIV, 434)。実際、『アエネーイス』では、ラオコーンは叫びをあげていた。「大蛇は進路を／ラオコオンに狙い定める。まず、二人の幼い／息子の体に二匹がそれぞれ輪を巻きつけて／絡め取る。哀れな者たちに噛みついて貪り喰う。／次いで、武器を手にして救助に駆けつけたラオコオン自身を／つかまえ、巨大なとぐろで締めつける。(……) ラオコオンも懸命に両手で結び目を引き裂こうとして／リボンが血膿と黒い毒にまみれ、／その刹那、星の高みへ恐ろしい叫び声を上げる(4)」。

† 痛みに耐えるのは高貴か

美しいとは決して言えない場面の叙述である。しかしヴィンケルマンは、「ラオコーン像」について、そうした叫びが抑制的に表現された彫刻だとして、「肉体の苦痛と心の偉大さとが、この像の全構造を通して、同じ強さで配分され、均衡を保っている」(Nachahmung, 32)という「偉大な心の表現」を見出した。レッシングは、そこに文学と造形芸術の違いを読み取った。「芸術家は、ラオコーンに絶叫させなかったところに手柄があり、彼を叫ばせたところに、詩人の手柄がある」(Lessing, 30)。

これに対してヘーゲルによれば、「高貴さと痛みが両立するわけがなく」、ラオコーンの痛みに見出されるのは「硬直した自らに留まっている」(Philosophie der Kunst, 254)姿だという。もとより、ヘーゲルによれば、「語り(Rede)は、精神的なものを、その動機や意図、紛糾や状況もろとも行為するものとして叙述する。これに対して造形芸術は、そうした統体性(Totalität)の要素を持っていない」(Ästhetik(1820/21), 208)。彫刻はヘーゲルによると、「形姿の休止において精神を表現する」(Ästhetik(1820/21), 209)ものだという。

† ベルニーニ評価の違い

しかしながら、動きのなかの一瞬の姿から、動きの流れを想像させると同時に、その人生の縮図が表現されていると感じさせもする彫刻があるのも事実である。一瞬のその姿には、その瞬間だけでなく、前からの、そして次へと続く動作の流れさえも表現されているように思われる作品もある。「形姿を静止した状態ではなく、緊張の状態において、動きの中で表現した」(Ästhetik(1820/21), 107)として、とりわけヘーゲルによってその技法が高く評価されたのは、ベルニーニ(Gian Lorenzo Bernini, 1598-1680)であった。

ところがヴィンケルマンにあって、ベルニーニは、近代の、ある意味では悪い典型と目された。なぜなら、ギリシア人たちがもっとも美しいということを認めなかったから、というのである。「お偉いベルニーニは、ギリシア人たちに対して、彼らの姿態が一層美しい本性を持っていて、理想的な美しさにおいて秀でているということに対して異議を唱えた人たちの一人であったことは周知の通りである」(Nachahmung, 20)。これに対して、古代芸術に対峙しうる芸術家として高く評価されたのはラファエロであった。「彼は古代人たちを模倣することを通して卓越した偉大さに到達した」(Nachahmung, 35)。古代ギリシア芸術を模倣したからという理由で、ラファエロが高く評価されたのである。

4 ダフネのその瞬間

† プロセルピナの掠奪

ボルゲーゼ美術館は、シピオーネ・ボルゲーゼ(1576－1633)の別荘として建てられた建物で、今日まで伝えられてきたボルゲーゼ家のコレクションが展示されている。彼はまた、ベルニーニの庇護者であったところから、ボルゲーゼ美術館にはベルニーニの傑作が展示されている。たとえば『プロセルピナの掠奪』(図2、一六二一年)である。

『プロセルピナの掠奪』とは、ギリシア神話や、オヴィディウスの『変身物語』にある物語(5)が下敷きになっている彫刻作品である。ゼウスと、収穫の女神デメテルの間に生まれたのがプロセルピナ。母親から与えられた魔法の絵の具で、花々の彩色を司るのが彼女の仕事だった。春のある日、友人たちと花を摘んでいたところ、冥界の王プルート(ハデス)が、自らの妻とするために、抗うプロセルピナを力づくで掠奪する、その瞬間を表現した彫刻作品である。乙女はのけ反りながらプルートの顔を手で押して。自らに近づけまいとしながら、助けを求

図２　ベルニーニ『プロセルピナの掠奪』

めて叫びをあげる。しかし、プルートの指が、汚れなく柔らかなプロセルピナの肌に食い込み、逃すまいとする。人類が冬と飢えに苛まされることにもなるその転機を表現している作品である。とても大理石で作られた彫刻とは思えない、繊細な表現力に圧倒されもする。「プルトの指がくい込む辺りのプロセルピナの肌の表現を見られたい。そこには見るものを恍惚とさせる「技巧」がある。石でありながらとても石とは思われない[6]」。まるで乙女の柔肌のように見せる、ベルニーニの「技術」とその「技法」に感嘆させられる作品である。

✝ アポロンとダフネ

『アポロンとダフネ』（図3、一六二二五年）も、ギリシア神話や、オヴィディウスの『変身物語』に基づいている。アポロンに追われて逃げるダフネが、追いつかれて身体に触れられた途端に、樹に変身する瞬間を捉えた作品である。

もとはというと、弓矢で遊んでいたキューピッドに、アポロンが注意したところから、怒ったキューピッドが、恋をする金の矢をアポロンに、相手を疎んじる鉛の矢を、美しい水の精のダフネに命中させたことに始まる。すると、アポロンはダフネを恋い求めるものの、ダフネは頑なに拒むことになる。ダフネは父親に、結婚などすることなく、清く汚れのない身体のままいたいことを切願していたのだ。しかしながら、恋い焦がれるアポロンはダフネを追い、ダフネは逃げる。とうとう川辺に追い詰められたとき、ダフネは父である川の神に救いを求める。「恋い慕われるもととなった、わたしのこの美しい姿を無くして、別のものに変えてくださいますように！」(7)。すると祈りが通じて、アポロンの逞しい腕がダフネの柔らかく美しい肌にかかった瞬間、ダフネはたちまち月桂樹へと身を変えてゆく。その瞬間の、人間でなくなる悲嘆に満ちた表情を浮かべながら、美しい裸身と純な心を永遠に封印するかのように、身体は粗くごつごつした月桂樹の樹皮に覆われてゆく。以後、アポロンは月桂樹の冠をかぶって、ダフネの面影を抱き続けたというのである。

石鍋真澄は次のように述べている。「この作品でベルニーニは、『プロセルピナの掠奪』で試みた新しい可能性を一気に極限にまで押し進めたといえる。物語のクライマックスの瞬間を捉え、あたかもスナップ・ショットのようにそれを造形化し、観る者が絵画を見るように一目で全体を理解できるように工夫する。そのために大理石をロウの如くに刻んで、躍動する動きを捉え、同時にレアリティと美しさを追求する。ベルニーニが意図したのはこのような彫刻であった(8)」。

図３　ベルニーニ『アポロンとダフネ』

† 聖テレジアの法悦

ベルニーニの作品で、よく知られている一つに、コルナーロ礼拝堂の一隅に設置された『聖

図４　ベルニーニ『聖テレジアの法悦』

テレジアの法悦』（図４、一六四七－一六五二年）がある。跣足カルメル会を創設したアヴィラの聖テレジア（Teresia Abulensis, 1515 - 1582）が体験した、神との神秘的な合一とその恍惚状態を、聖女テレジアが天使によって胸に矢を撃ち込まれて、エクスタシーに達した姿をもって表現された作品である。「さて、私は金の長い矢を手にした天使を見ました。その矢の先に少し火がついていたように思われます。彼は、時々それを私の心臓を通して臓腑にまで刺しこみました。（……）しかし、この苦しみのもたらす快さはあまりにも強度なので、霊魂は、もうこの苦しみが終わることも欲まなければ、神以下のもので満足することも欲しません。これは肉体的な苦しみではありません。霊的なものです。とはいえ、肉体もいくぶん、時には相当多くさえ、これにあずかります。これは神と霊魂との間の極めて快い愛の交換で、私は、私の言葉に信をおかぬ人々に、このお恵みを味わわせてくださるよう、主の御憐みを切願しております(9)」。

この『イエズスの聖テレジア自叙伝』では、随所で「神的一致」の喜悦が語られている。ベルニーニも『聖テレジアの法悦』において、肉体と霊魂、人間と神、苦痛と喜悦とが一挙に一つになって、その瞬間の身体に全体が開示された様子を表現している。しかも礼拝堂へと差し込む光の効果も取り入れながら、この世とあの世、生と死、現実と幻視とを結ぶ全体が、苦痛にも似た喜悦に耐えるテレジアの一瞬間の姿を借りて、目の前の作品に具現されたのであった。

† ヴィンケルマンによるベルニーニ観

「造形芸術が呈示できる最高に悲壮（pathetisch）な表現は、ある状態から別の状態への移ろいへと揺曳する。（……）この新しい感覚は電撃のように、全身に伝えられる。そうした飛び移り（Übersprung）は最高の意味において悲壮であり、経験がなければ把握できない反対項である。ここでは明らかに、精神的であると同時に肉体的でもある人間が息づいている」（Goethe, 62）。ゲーテのこうした叙述は実に、ベルニーニの諸作品にこそ当てはまる評言であるかのように思われる。ところが、この、精神的でもあると同時に肉体的でもある人間というのは、末期の苦悶に歪むラオコーン像に即して評されたのであった。

ヴィンケルマンの『ギリシア芸術模倣論』には、次のような目を疑う批評が見られる。「思索することを学んだ心有る芸術家なら、『ダフネ』とか『アポロン』とか『プロセルピナの掠奪』とか『エウロペの掠奪』とか、そうした類のものについては心を用いることなく、捨て置くものである。心有る芸術家なら自らを詩人として明らかにして、姿を比喩的な表現によって、すなわち寓意的（allegorisch）に描こうとする」（Nachahmung, 55）。こうした叙述からは、ベルニーニはもとより、ティツィアーノ（Tiziano Vecellio, 1488/1490 – 1576年頃）やヴェロネーゼ（Paolo Veronese, 1528 – 1588）への批判的な気分を読み取ることもできる。

なぜ、ヴィンケルマンは、決して美しいとは言えないラオコーン像を高く評価して、ルネサンスやバロックの、耽美的ともいえるような作品を評価しなかったのか。その理由は、ヴィンケルマンが芸術に思索の糧を求めていたところに読みとることができよう。「芸術家の駆使する筆は、誰かがアリストテレスの筆について語っていたように、悟性の中に浸されなければならない。すなわち眼に訴えるものである以上に、思索することの糧となるようなものを残すべきである」（Nachahmung, 61）。ヴィンケルマンは、秀でた技法によって作られ、観る者に感嘆と満足感を与えることよりも、「教訓的である（unterrichten）」（Nachahmung, 61）ことを芸術作品に求めたのである。そうであるなら、やはり無垢の処女が凌辱されるテーマは、ヴィンケルマンの容れるところではなかったのかもしれない。

5　技法と独自性

† ヘーゲルによる分析

ヘーゲルによる「ラオコーン問題」をめぐる論述は、簡潔でありながらも、この間の論議に十分に通じていることがみて取れる。ヘーゲルも、ラオコーン像にあって、体躯のねじれや歪みが極端なまでになっていないことから、美の高貴さが維持されているとしながらも、「作品全体は、テーマの精神、配置の作為、姿勢の含意そして仕上げの仕方からして、疑いもなくギリシア後期に属します」（SW. XIV, 434）と、古典期の作と推定したヴィンケルマンとも、ローマ帝政期の作と推定したレッシングとも違う見解を出したのである。

制作年代をギリシア後期とみなした理由として次のような分析が示された。「その仕上げは、人体の構造や筋肉組織の知識をわざとらしく強調することを通して、既に、単純な美しさや生き生きとしていることを乗り越えようとしていて、あまりにも繊細で小賢しい仕上げによって、受けを狙っている」（SW. XIV, 434f.）。こうした根拠に基づいてヘーゲルは、「無邪気でおおらかな芸術から、技法（Manier）への移行が既にここで行われています」（SW. XIV, 435）と断定した。あえて、美術史の脈絡を無視するならば、ここで想起されるべきは、パノフスキー（Erwin Panofsky, 1892 - 1968）の次の言葉かもしれない。「マニエリスム的芸術は強烈な表現を求めて、調和のとれた、普遍的に妥当する古典様式を歪め、ねじ曲げる」(10)。つまりヘーゲルは、「ラオコーン像」に技法の優越を見抜いたのである。

† 技法の優越

ここでわれわれは、ヴィンケルマンが対比した『ラオコーン像』とベルニーニとが、ヘーゲルにあっては、「技法」に秀でているという点で同じように捉えられていたのではないかという思いに駆られるのである。ベルニーニの彫刻作品は、まさにベルニーニを措いてはほかの誰もがなし遂げ得ないような、繊細な表現において抜きん出ていた。要するに卓越した技法によって制作されていると言えよう。実際ヘーゲルは、ベルニーニについて一八二〇年から二一年にかけての冬学期に講じた「美学講義」のなかで、「技法」と絡めて論じていた。

「主観的な叙述においては、テーマそのもの（Sache selbst）は前景には出てこないで、著者の独自性（Eigentümlichkeit）だけが表立ってきます。しかしながら、芸術家のこうした主観性がもっぱら表立つようでは、悪しき芸術作品です。また、彼自身、教訓となる（pragmatisch）自らの金言（Sentenz）を織り込んだテーマそのものが際立たないようでは、悪しき芸術作品です。そこに結びついているのが、芸術家の技法（*Manier*）です。これは、効果をもたらすためにしばしば繰り返される独自性において、独特のいつも反復されるやり方において、見出されます。それは、偶然的なものの独自な取り扱い方に属しています。偉大な芸術家にあって、普通ならしばらくの間、他のもっとマイナーな芸術家たちによって模倣される技法がしばしば見出されることは常です。そうやって、彫刻の分野ではしばらくは、ベルニーニの技法が非常に好まれました」（Ästhetik（1820/21）, 106f.）。芸術作品にあっても、思想にあっても、本来なら明らかにされるべき事柄としての理念やテーマに代わって、技法やスタイルが優越するとき、その作品は外面的なものに留まってしまって、そこからは、客観性や普遍性が喪失する、ヘーゲルはそう考えたに違いない。芸術作品にはオリジナリティーが必要だと考える向きもあろうが、ヘーゲルはそうした独創性を一貫して斥けていた。

† 独創性への批判

「技法（Manier）はややもすると独創性（Originaliät）だとみなされもします。独創性は、芸術家が何かを把握したり表現したりする独自性（Eigentümlichkeit）、主観性においてあります。ただ、テーマ（Sache）や芸術家の独自性というものがあります。本当の独自性とは、芸術家の主観性が事柄の実体性と合致（übereinstimmen）するところに、すなわち、芸術家がこうした事柄を、それがあるがままに把握して、表現するところにあります。ところが、こうした本当の独創性だとしてみなされてしまうことしばしばなのが、芸術家の単なる主観性、思いつき（Einfall）です」（Ästhetik（1820/21）, 107f.）。ヘーゲルは、『ラオコーン像』やベルニーニの作品に、制作者独自の創意や技量、すなわち主観性や技法の優越を捉えたに違いない。それは「事柄の実体性」、すなわちテーマの普遍的な理念とは別のものだというのである。一八二三年の「芸術哲学講義」でもヘーゲルは、「技法」について、独自性に留まってしまうことを難じていた。

「芸術家は素材に関係します。芸術家は素材を支配しなければならず、素材を自らの深みにおいて生かし抜かなくては（durchleben）なりません。素材を感覚して、表象しなければならないのです。だって、そうでなくては、芸術家はただ、外面的な側面だけに留まってしまって、（……）凡庸な芸術作品を生み出すだけになってしまうからです。芸術家が実際に素材に関係する場合には、それでも芸術家の側から独自なものが叙述において、立ち現われてきます。こうした独自性は、技法（Manier）だと呼ばれます」（Philosophie der Kunst, 116f.）。素材を加工する技法において独自であったり独創的であったりすることを目指す以上に、ヘーゲルは芸術作品に、普遍的な理念の顕現を求めていたのである。

6 結び

ヘーゲルにとって美は、「真なるものの叙述」（Ästhetik (1820/21), 47）であり、「美しいものとは、理念の感覚的な顕現（*Scheinen*）として規定される」（SW. XIII, 151）。したがって、芸術作品は、芸術家の主観性の痕跡を留めるものであってはならなかった。芸術家の主観性や心、そして個性に委ねられていいのは、「概念と作品自身が合致する（Zusammenstimmung）、そうした組み立ての絆や力」（SW. XIII, 152）に限られるという。芸術作品は、制作者によって自然から高められた理念を、われわれの心情に訴えかけることを通して、「私たちに理念が開示される」（Ästhetik (1820/21), 28）ところに成り立つ、とされた。したがって、独創的であるより、普遍的な理念に参与してこれを顕現させることができるところに、芸術作品の意義が捉えられたと言ってよい。

そうであるなら、一瞬の姿を留めた彫刻作品や絵画にあっても、普遍的理念の表現されるところに、全体が開示されることになる。その意味では、理性や精神によって把握される哲学と、心情に訴える芸術とで、開示される内容については共通している。私たちの日常にあっても、まるで芸術作品のように、一瞬の姿にその人の生の全体が顕現するかのような瞬間が、時にあるのも事実である。

「哲学の内面的な生命は、外的な形象へと生み出された時にはその独自の有機的な形を必ずや外的な形象へ刻印づけるものであるからして、天才の独創的なものは、自分を独創的だと思い込んで、そうふれ回っている特殊性とは違っている」（GW. IV, 121）。「技法」を誇示する作品はヘーゲルにとっては、表面的な美でしかなかったのかもしれない。とはいえ「美しいものにおいて、真理も外面性に即して現象する」（Ästhetik (1820/21), 49）ともされた。であるなら、後の教皇ウルバヌス八世によって、台座に「喜びのつかのまの姿を追うものは／手中についに葉と苦い果実を得るのみ」[11]と刻まれた「アポロンとダフネ」、そして愛における神と人との一致が具象化された「聖テレジアの法悦」からは、瞬間において全体が開示されるなかで、真理の一端がほの見えるようにも思われるのである。

＊引用は、次の略号をもって出典を、アラビア数字で頁数を示す。

Ästhetik（1820/21）: G.W. F. Hegel, *Vorlesung über Ästhetik*, Berlin, Peter Lang, 1820/21.

Goethe : Johann Wolfgang von Goethe, *Goethe Werke*, Bd.XII, Christian Wegner Verlag.

GW. : G.W. F. Hegel, *Gesammelte Werke,* Felix Meiner.

Lessing : Gotthold Ephraim Lessing, *Werke in drei Bänden*, Bd. III, Hanser.

Nachahmung : Johann Joachim Winckelmann, *Gedanken über die Nachahmung der Griechischen Werke in der Malerey und Bildbauerkunst*,（1808）（*Winckelmann's Werke*, Bd.1）.

Philosophie der Kunst : G.W. F. Hegel, *Vorlesungen über Philosophie der Kunst*, Berlin, Felix Meiner, 1823.

SW : Georg Wilhelm Friedrich Hegel, *Werke in zwanzig Bänden*, Suhrkamp.

（1） サルヴァトーレ・セッティス『ラオコーン』芳賀京子・日向太郎訳（三元社、二〇〇六年）六五頁。

（2） 高木昌史（編・訳）『ゲーテ美術論集成』（青土社、二〇〇四年）二〇二頁を参照。

（3） 小田部胤久『西洋美学史』（東京大学出版会、二〇〇九年）一一七頁以下を参照。

（4） ウェルギリウス『アエネーイス』岡道男・高橋宏幸訳（京都大学学術出版会、二〇〇一年）六三頁。

（5） オウィディウス『変身物語（上）』（岩波文庫、一九八一年）一九五－二一一頁を参照。

（6） 石鍋真澄『ベルニーニ』（吉川弘文館、二〇一〇年）二七頁。

（7） オウィディウス『変身物語（上）』三六頁。

（8）石鍋真澄『ベルニーニ』三〇頁。
（9）『イエズスの聖テレジア自叙伝』東京女子カルメル会訳（サンパウロ、一九六〇年）三五九－三六〇頁。
（10）E・パノフスキー『イデア』伊藤博明・富松保文訳（平凡社ライブラリー、二〇〇四年）一一〇頁
（11）クリスティーナ・ヘルマン・フィオレ『ボルゲーゼ美術館』（美術館ガイド）三七頁。

あとがき

本書は、「感覚を媒介として自然や世界に連関する人間を、「生のつながり」や「生の広がり」という視点のもとで捉え返す試み」という課題で、新潟大学から受けている「プロジェクト推進経費」によって、やはり同じ課題で、新潟大学の人文社会・教育科学系から認められた「学系基幹研究」に連なるメンバーによる研究を公刊するものである。よって、まずもって、こうした文系の地道な研究を財政的に下支えして下さった新潟大学（下條文武・学長）と、人文社会・教育科学系（菅原陽心・学系長）の関係する方々に、御礼申し上げることをお許しいただきたい。大学からのご支援がなかったら、本書はもとより、ここに結集された研究そのものも、立ち行かなくなったであろうことを思うと、感謝の念で一杯である。また執筆者は、二〇一二年の四月に発足した、新潟大学人文社会教育科学系附置「間主観的感性論研究推進センター」のメンバーであることから、センターの立ち上げを認めていただいた責任の一端を果たしたという、安堵の思いにも満たされている。

もとより、人文系の研究は、研究者それぞれの問題意識を、文献研究を通して解明するという個人研究のスタイルが中心であることから、往々にして一人の世界に安住しかねない。それでも良質の研究があるのも事実ではあるが、しかし、個人の蛸壺にはまっていては、せいぜい自分の持っている力しか発揮できない。やはり、自分の持っている以上の力を引き出すためには、共同研究はきわめて有効なのである。そうしたことを狙って、「間主観的感性論研究推進センター」の立ち上げを認めていただいたわけである。

要は、心理学、人間学、哲学、社会学、美学、美術史、文学、表象文化論、身体表現論などの研究者が共同して、Ästhetik の原義に立ち返って「感性」を、「感覚」情報や「表象」そして「気分」などの働きの総体として、間主観的な構造の下で捉えることを通して、「感性」の成り立ちと働きを解明するとともに、「心と身体」「自分と他者」「自然と人間」を統一的に把握する人間観の創出を目的としている。感性論を軸として人間学を再生することが目指された共同研究の課題は、本書を通して実りあるものとされていると信じる。

本書は研究成果の公表のためだけに公刊されたわけではない。新潟大学における学士課程教育に研究成果を反映させるために制作された面もある。二〇〇四年に学長裁量経費を受けて制作された『大学における共通知のありか』(栗原隆・濱口哲編、東北大学出版会、二〇〇五年)を用いて、文理融合の共通知を、専門分野に特化する前の学生にすでに八年間講じてきた授業を受けて、新たな授業を開設しようということも目指されている。教養部が廃止されたのち、大学一年生の段階から、それぞれの分野での分化が進んでしまったことを受けて、薄められた専門教育という意味では決してなく、文理共通の知のリテラシー教育として、新たな教養の構築が目指された。その後、八年を経て何が変わったであろうか。

巷間、大学生の学力低下が叫ばれて久しい。たしかに、肌で感じる学生の変質は著しい。編者たちが学生の頃と、教育の現場は様変わりである。しかし、センター試験の問題を想起していただきたい。とてつもなく高度な知識が要求されているなか、これを突破して、学生は大学に来ているのである。「学力低下」だけでは、今日の学生の変貌は説明できない。であれば、何が変わってしまったのか。

「感性」である。自分の世界観、自分の価値観、自分のプライド、自分の判断基準、自分の情報・知識、自分のあり方、それらを丸ごと認めてもらいたい、いや、そうでもなければ思いもかけないほどに傷ついてしまうというように、十九歳にして出来上がってしまっているのである。そこには、青春の疾風怒濤期にあって、他人との相克のなかで、相手の真意を理解するとともに自分をも深く知るとか、他人からの情報を鵜呑みにせず、自分で確かめてみるとか、自分の限界に挑戦するとか、敢えて難行苦行を選び取るとか、狭隘な自分から脱皮しようとするとか、損得を顧みず理想の実現に向けて賭けてみるとか、そうした前を向いてゆく気概、しなやかであるとともに、端々しくも逞しい感性が、すっかり失われてしまったように見受けられる。

「感性」と言っても幅広い。しかし、基本は「感応（Stimmung）」にあるように思われる。自分一人の世界ではなく、他人とも気脈を通じ、自然のさまざまな現象と交感する、そうした感応の脈路が、「感性」を活性化させるものと見込まれる。「間主観的感性論研究推進センター」の事業内容として、「「感覚」情報、「表象」さらには「気分」に焦点をあてつつ、間主観的な構造において「感性」を究明することにより、理性的には分析しきれない「気分と雰囲気」「景色と気色」が感応し、「共感の絆」や「心を繋ぐ」ことが成り立つ機序の解明にあたる」と謳われている。本書全体を通して、こうした課題が果たされていることを願うものである。

昨春の『世界の感覚と生の気分』（栗原隆編、ナカニシヤ出版、二〇一二年）に引き続き、編集の労をお取りくださった、ナカニシヤ出版の石崎雄高さん、ならびに編集部の方々に心から御礼を申し上げます。

最後になりましたが、この本をここまで読んでくださった読者の皆様に感謝の誠を捧げますとともに、コール&レスポンスよろしく、ご意見やご感想をお寄せいただければ幸いです。読者の皆様がいてこそ、初めて本が成り立つわけです。生き生きとした感性が、この本から育まれますことを念願しております。

再び季節風の吹き荒れだした新潟で

栗原　隆

フスキーと小説の問い』（水声社，2012 年），『形と空間のなかの私』〔共著〕（東北大学出版会，2008 年），「『オネーギン』と多声空間，あるいは起こらない出来事」（『批評空間』Ⅱ-17 号，1998 年），他。

〔担当〕第十一章

石田美紀（いしだ・みのり）
1972 年生まれ。京都大学大学院人間・環境学研究科博士課程修了。博士（人間・環境学）映像文化論専攻。新潟大学准教授。『密やかな教育』（洛北出版，2008 年），『ぼくらが愛した「カーネーション」』〔共著〕（高文研，2012 年），『日本映画は生きている　5 巻』〔共著〕（岩波書店，2010 年），他。
〔担当〕第十二章

界の感覚と生の気分』〔共著〕（ナカニシヤ出版，2012 年），他。
〔担当〕第五章

城戸　淳（きど・あつし）
1972 年生まれ。東北大学大学院文学研究科博士課程退学。西洋近代哲学史専攻。東北大学准教授。『哲学の問題群』〔共編〕（ナカニシヤ出版，2006 年），『近代哲学の名著』〔共著〕（中央公論新社，2011 年），『岩波講座 06 モラル/行為の哲学』〔共著〕（岩波書店，2008 年），他。
〔担当〕第六章

堀　竜一（ほり・りゅういち）
1958 年生まれ。東北大学大学院文学研究科博士課程単位取得退学。博士（文学）。日本近代文学専攻。新潟大学教授。『形と空間のなかの私』〔共著〕（東北大学出版会，2008 年），「芥川龍之介とダンテ『神曲』」（『キリスト教文学研究』第 22 号，2005 年），「放蕩息子の帰還」（『文芸研究』第 149 集，2000 年），他。
〔担当〕第七章

杉原名穂子（すぎはら・なほこ）
1964 年生まれ。お茶の水女子大学大学院人間文化研究科博士課程単位取得退学。社会学専攻。新潟大学准教授。『公正な社会とは』〔共編著〕（人文書院，2012 年），『格差社会を生きる家族』〔共編著〕（有信堂高文社，2011 年），『デモクラシー・リフレクション』〔共編著〕（リベルタ出版，2005 年），他。
〔担当〕第八章

松井克浩（まつい・かつひろ）
1961 年生まれ。東北大学大学院文学研究科博士課程単位取得退学。博士（文学）。社会学専攻。新潟大学教授。『震災・復興の社会学』（リベルタ出版，2011 年），『中越地震の記憶』（高志書院，2008 年），『ヴェーバー社会理論のダイナミクス』（未來社，2007 年），他。
〔担当〕第九章

細田あや子（ほそだ・あやこ）
1964 年生まれ。東京大学大学院人文社会系研究科博士課程単位取得退学。宗教学・宗教美術専攻。新潟大学教授。『「よきサマリア人」の譬え』（三元社，2010 年），『異界の交錯』（上・下）〔共編著〕（リトン，2006 年），『イスラーム哲学とキリスト教中世 Ⅲ 神秘哲学』〔共著〕（岩波書店，2012 年），他。
〔担当〕第十章

番場　俊（ばんば・さとし）
1969 年生まれ。東京大学大学院総合文化研究科博士課程単位取得退学。ロシア文学・表象文化論専攻。新潟大学准教授。『ドストエ

■執筆者紹介（執筆順，＊印は編者）

＊栗原　隆（くりはら・たかし）

1951 年生まれ。神戸大学大学院文化学研究科博士課程修了。学術博士。哲学・倫理学専攻。新潟大学教授。『ドイツ観念論からヘーゲルへ』（未來社，2011 年），『現代を生きてゆくための倫理学』（ナカニシヤ出版，2010 年），『世界の感覚と生の気分』〔編著〕（ナカニシヤ出版，2012 年），他。

〔担当〕まえがき，第十三章，あとがき

鈴木光太郎（すずき・こうたろう）

1954 年生まれ。東京大学大学院人文科学研究科博士課程単位取得退学。実験心理学専攻。新潟大学教授。『オオカミ少女はいなかった』（新曜社，2008 年），J. テイラー『われらはチンパンジーにあらず』〔翻訳〕（新曜社，2013 年），J. ベリング『ヒトはなぜ神を信じるのか』〔翻訳〕（化学同人，2012 年），他。

〔担当〕第一章

福島　治（ふくしま・おさむ）

1965 年生まれ。東北大学大学院文学研究科博士課程修了。博士（文学）。心理学専攻。新潟大学准教授。『世界の感覚と生の気分』〔共著〕（ナカニシヤ出版，2012 年），『コミュニケーションと対人関係』〔共著〕（誠信書房，2010 年），『葛藤と紛争の社会心理学』〔共著〕（北大路書房，2008 年），他。

〔担当〕第二章

白井　述（しらい・のぶ）

1979 年生まれ。中央大学大学院文学研究科博士後期課程修了。心理学専攻。博士（心理学）。新潟大学准教授。『世界の感覚と生の気分』〔共著〕（ナカニシヤ出版，2012 年），“Audiovisual tau effect in infancy”〔共著〕（*PLoS ONE*, 2010），“How do infants utilize radial optic flow for their motor actions? : A review of behavioral and neural studies”〔共著〕（*Japanese Psychological Research*, 2010），他。

〔担当〕第三章

井山弘幸（いやま・ひろゆき）

1955 年生まれ。東京大学理学系大学院博士課程単位取得退学。現代科学論専攻。新潟大学教授。『パラドックスの科学論』（新曜社，2013 年），『お笑い進化論』（青弓社，2005 年），『偶然の科学誌』（大修館書店，1995 年），他。

〔担当〕第四章

宮﨑裕助（みやざき・ゆうすけ）

1974 年生まれ。東京大学大学院総合文化研究科博士課程修了。博士（学術）。哲学・美学専攻。新潟大学准教授。『判断と崇高』（知泉書館，2009 年），『人文学と制度』〔共著〕（未來社，2013 年），『世

感情と表象の生まれるところ

2013年3月29日　　初版第1刷発行
2015年10月5日　　初版第2刷発行

編　者　栗原　　隆
発行者　中西健夫

発行所　株式会社　ナカニシヤ出版
〒606-8161　京都市左京区一乗寺木ノ本町15
TEL　(075)723-0111
FAX　(075)723-0095
http://www.nakanishiya.co.jp/

印刷・製本／亜細亜印刷
*乱丁本・落丁本はお取り替え致します。
ISBN978-4-7795-0739-7 Printed in Japan

世界の感覚と生の気分

栗原　隆　編

われわれが合理的な知を奉じる中で看過してきた、共感・気分・雰囲気など「感性的なもの」による世界の捉え直しを、哲学・美学・心理学という多方面から探究。世界の豊かさや生の実感の回復を目指す哲学的人間学。

三八〇〇円＋税

風景の哲学

安彦一恵・佐藤康邦　編

風景とは何か。それはいつ誕生したのか。あるいは、「風景をみる」とはどういうことか。地理学や美学を超えて、いま、哲学の立場から〝風景〟を探究する。巻末には風景論に関する詳細な文献案内を付す。

二三〇〇円＋税

なぜ人は美を求めるのか
—生き方としての美学入門—

小穴晶子

古代ギリシャから日本まで、古今東西の芸術や美に関する思想を、分かりやすく比較・検討しながら紹介し、そこからわれわれ人間が生きるという事自体が美を求めているのだということを平易に説いた、類書のない美学入門。

二二〇〇円＋税

エストーエティカ
—〈デザイン・ワールド〉と〈存在の美学〉—

山田忠彰

〈新・唯美主義〉における人間存在の美とは何か。倫理学のテーマである人間的生の存在論的探求の問題に、美学的知見を援用することにより、人間のあり方と芸術との密接不可分な存在論的関係の究明に挑んだ力作。

二八〇〇円＋税

表示は二〇一五年十月現在の価格です。